어린이를 위한
# 자율

스스로  행동하는 힘

# 어린이를 위한
# 자율

글 한영희  그림 추덕영

위즈덤하우스

## 스스로 공부하고
## 고민하는 과정이 중요합니다!

　《어린이를 위한 자율》을 접했을 때, 이 책의 내용이 무엇일까 무척이나 궁금했습니다. 제가 쓴 책의 제목도 《현근이의 자기주도 학습법》라고 지었을 만큼, 저는 스스로 공부하고 스스로 고민하는 과정이 매우 중요하다고 생각합니다. 뒤돌아보면 제가 초등학교, 중학교, 그리고 한국영재학교를 우수한 성적으로 졸업할 수 있었던 원동력은 스스로 동기 부여를 하고 그에 맞게 계획하고 실천하는 '자율'에 있었습니다.

　저의 주변만 보아도 스스로 공부하지 않던 친구들의 실력은 오래 가지 못 했습니다. 그래서 어린이들에게 가장 중요하다고 생각하는 '자율'을 어떻게 이야기로 엮어냈을지 상당히 궁금했습니다.

　《어린이를 위한 자율》은 현재 과도한 교육열로 상당한 소모전을 펼치고 있는 대한민국의 학부모님들과 학생들의 모습을 생생하게 담아내고 있습니다. 이 책에는 '두나' 라고 하는 초등학생 주인공이

나옵니다. 두나 엄마는 하나부터 열까지 아이의 모든 생활을 챙겨야 직성이 풀리는 전형적인 '로드 매니저'형 엄마입니다.

또 다른 주인공 '강율'이는 매우 자율적인 학생입니다. 강율이는 누군가 옆에서 일일이 챙겨주지 않지만 스스로 목표를 세우고 자율적으로 공부하기 때문에 좋은 성적을 받습니다.

두나와 두나 엄마는 강율이를 보면서 반성하게 되고 서서히 바뀌어갑니다. 두나 스스로 부모님께 '이제는 제가 알아서 하겠습니다'라고 자율 선언을 한 이후, 여러 가지 시행착오를 겪으면서 '조금씩' 변해 가는, 그리고 스스로 자기 삶의 주인이 되어가는 모습이 그려져 있습니다.

이야기 속 주인공일 뿐인데도 두나가 변해 가는 모습을 보니 저는 왠지 모를 뿌듯함에 미소가 지어졌습니다. 저는 자율의 중요성을 느낀 두나가 앞으로 공부를 더욱 열심히 할 것이고, 더 나아가 훌륭한 어른이 될 거라고 믿어 의심치 않습니다.

자율이라는 것은 아이 혼자만의 의지로, 또는 부모의 바람만으로 이루어지진 않는다고 봅니다. 아이도 바뀌어야 하고 부모의 생각도 바뀌어야 자율성을 성취할 수 있습니다. 이 책을 아이와 부모가 모두 읽어 스스로 성공적인 삶의 주인이 되는 '자율'의 놀라운 힘을 함께 경험하길 기대합니다.

미국 프린스턴 대학에서 **김현근**

차례

추천의 글  스스로 공부하고 고민하는 과정이 중요합니다!_4

## PART 1 엄마, 하고 싶은 게 없어요_8

재미없는 학교, 재미있는 전학생_10

누구의 숙제일까?_27

엄마가 되라는 사람이 될 거야_45

## PART 2 나도 스스로 해 보고 싶어요_66

강율이는 소년 가장?_68

2인 1조는 싫어요_83

주인공 **두나**예요.
엄마가 하라는 대로만 살다가 강율이를
만나 자율에 눈뜨게 되지요.

**두나 엄마**는 두나가 하는 모든 일을
간섭하고 싶어 해요.

### PART 3 무엇부터 먼저 시작할까요? _98

체험 학습일에 생긴 일 _ 100

만약 사고라면? _ 114

### PART 4 나는 스스로 잘 할 수 있어요 _ 132

맘대로가 자율은 아니야! _ 134

엄마의 스케줄 수첩과 두나의 스스로 수첩 _ 148

진정한 홀로서기 _ 168

**강율이**는 할머니와
둘이 살아요. 스스로 자신의
일을 하는 아이예요.

작가의 글   '스스로' 내딛는 걸음은 위대합니다 _ 188
부모님께   우리 아이의 자율성을 키워 주는 일곱 가지 전략 _ 190

# 어·린·이·를·위·한
# 자·율

### 엄마, 하고 싶은 게 없어요
"스스로 할 필요가 있나요? 엄마가 하라는 대로 하는 게 정답인걸요."

스스로 행동하는 힘_자율

## 재미없는 학교, 재미있는 전학생

뭐 하는 날이더라? 생각하기 귀찮다. 아니, 생각할 필요도 없어. 조금 기다리면 엄마가 말해 줄 테니까.

"두나야, 두나야! 일어나! 지각이다, 지각! 두나야!"

두나네 아침은 오늘도 온 동네가 들썩일 정도로 커다랗게 두나를 불러 대는 엄마의 목소리로 시작했다. 두나 아빠는 그 목소리가 두 번은 들을 수 없는 끔찍한 소리라 벌떡 일어났다. 하지만 신기하게도 두나에게는 개미 소리만하게 들렸다. 그래서 두나는 그 커다란 "두나야!" 소리를 한 열 번쯤 듣고는 간신히 일어나 거실로 나와 소파에 쓰러졌다. 거기에서 엄마에게 엉덩이를 몇 대 맞고 나서야 간신히 정신이 들었다.

어린이를 위한 자율

"밥 먹어야지, 밥!"

소리를 계속 지르다가 지친 엄마는 결국 소파에 누워 있는 두나에게 아침을 떠먹여 줬다.

몇 번 두나 혼자서 먹게 해 봤지만 졸면서 세 숟갈 먹는 것도 힘들어하고, 그 세 숟갈 먹는데 30분 이상 걸린다는 걸 확인한 순간부터 엄마는 그냥 두나에게 아침을 떠먹였다.

아침 식사도 소파에 누워 받아먹기 좋은 걸로, 예를 들면 김에 싼 밥이나 죽 같은 게 대부분이다. 반찬도 씹기 힘든 딱딱한 반찬은 절대 안 주었다.

엄마는 최대한 많이 먹이기 위해 별별 반찬을 다 만들어 보지만 두나는 먹는 것보다 자는 게 더 좋다며 먹다 자다를 반복해 반 공기 받아먹는 데도 시간이 꽤 걸렸다. 그래서인지 두나는 또래 아이들보다 키도 몸집도 작은 편이었다.

"유치원생도 아닌데 아직도 밥을 먹여 줘?"

아빠가 거실에 누워 밥을 받아먹는 두나를 보고 쯧쯧거리는 것도 자주 있는 일이다.

"이래야 얘가 몇 숟갈이라도 더 먹지. 콩나물국 끓여 놨으니 당신도 식탁 가서 한술 떠요."

"아이고, 저 녀석 표정하고는. 공주 마마가 따로 없네. 두나야, 너 그렇게 누워서 먹으면 살찐다."

아빠는 식탁으로 가는 대신 소파에 앉아 두나와 엄마의 하는 양을 바라보며 재미있어했다.

두나는 엄마와 아빠의 두런거림 속에 비몽사몽 밥을 받아먹고는 대충 세수를 하고 나왔다. 그래도 잠은 달아나지 않아 두나는 비틀거리며 또 소파에 앉았다.

그때부터 엄마가 두나의 긴 머리를 빗겨 묶어 주고 양말을 신겨 준다. 그 다음에 체육이 들은 날은 갈아입기 쉽게 치마를, 그 외 날에는 바지를 입혀 준다.

그렇게 옷을 다 입힌 다음엔 엄마가 시간표대로 점검해 놓은 가방을 두나에게 메어 주고 마지막으로 신발주머니를 들려 주었다. 그제야 두나는 눈을 제대로 뜨고 비척비척 현관으로 걸어간다. 하지만 집을 나서기까진 두나의 투정이 계속됐다.

"앙, 학교 가기 싫어. 아빠 저 학교까지 태워다 주시면 안 돼요?"

"미안해서 어쩌지? 아빠가 어제 술 마시느라 차를 회사에 놓고 왔는데?"

아빠는 정말 미안해했다. 그게 차 때문인지 술 때문인지는 모르겠지만 말이다.

"으휴, 아빠도 참. 대체 집에 차를 가지고 오시긴 하세요? 출장 아닐 때만이라도 학교에 좀 데려다 주셔야지요."

"그러게 말이다. 으휴, 술 냄새 때문에 엄마는 밤새 한숨도 못 잤다."

"아이고, 미안합니다. 왕비 마마, 공주 마마. 모레부턴 스위스 출장이니 내일은 꼭 태워드리겠습니다."

아빠가 저리도 미안해하시니 오늘은 혼자서 등교하는 수밖에 없다고 두나는 넓은 아량을 베풀었다.

아침마다 두나를 깨워 무사히 학교에 보내는 일이 엄마 아빠에게 얼마나 큰 숙제인지는 생각도 못한 채 말이다.

터덜터덜 두나의 발걸음이 축축 쳐졌다.
'학교 가는 길은 또 왜 이리 먼 거야.'

두나는 아침이면 학교 가까이 사는 짝꿍 순지가 제일 부러웠다. 두나네 집은 학교에서 좀 멀리 떨어진 아파트이다. 동네 아줌마들은 모이기만 하면 부자 동네의 더 넓은 집으로 이사 갈 이야기를 나누곤 하지만, 두나는 그 어떤 곳보다 학교를 다니지 않는 곳으로 이사 가고 싶었다.

두나는 학교와 공부라는 걸 누가 만들었는지 그 사악한 사람이 궁금했다. 이 좋은 날씨에 칙칙한 건물 속으로 들어가 공부를 해야 한다는 것이 화나고 불쾌했다. 두나에게는 어른들이 만들어 놓은 세상은 너무나 재미없고 비인간적이란 생각만 들었다.

'아! 학교도 없고 공부도 없는 세상은 어디지? 아니면 공부하지 않는 학교는 못 만들까? 1교시는 하고 싶은 거 하며 놀기, 2교시는 먹으면서 놀기, 3교시는 게임을 하면서 놀기. 이런 식으로 하루 종일 친구들과 놀기만 하는 학교라면 즐겁게 다닐 텐데……'

이런저런 생각을 하다 문득 두나는 자신이 놀이터 벤치에 넋을 빼고 앉아 있는 것을 알아챘다.

'앗, 큰일났다! 지각하면 선생님께 혼나는데.'

그제야 정신을 차린 두나는 떨어지지 않는 발걸음을 재촉해 학교로 향했다.

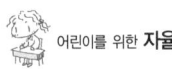 어린이를 위한 **자율**

교실 뒷문을 열고 두나가 들어서니 아이들은 모두 자리에 앉아 있고 선생님은 처음 보는 아이와 교탁 앞에 서 있었다.

"두나. 또 지각이니? 어서 앉아라."

두나가 입을 삐죽이며 자리에 앉자 짝꿍인 순지가 두나의 손을 덥석 잡았다.

"전교 일 등이래, 전교 일 등."

순지의 눈동자는 텔레비전에 나오는 멋진 오빠들을 볼 때랑 똑같이 반짝반짝 빛이 났다.

"조용, 조용! 전교 일 등만 하던 친구란 말에 뭘 그리 놀라니? 이래 가지고 너희들 새 친구 앞에서 체면이 서겠어?"

선생님의 말씀에 순지는 더는 참지 못하겠다는 듯 손을 번쩍 들고 일어섰다.

"선생님, 정말 전교 일 등이에요?"

"그렇다니까. 이 친구 한강율은 원래는 서울에 살다가 사정이 있어서 충청도에 있는 할머니 댁에서 학교를 다녔단다. 예전 학교에서 쭉 전교 일 등만 한 친구니까 앞으로 너희들 긴장 좀 해야 될 거다."

짝꿍 순지를 비롯해 반 아이들의 모든 시선을 한 몸에 받고 있는 강율이라는 아이는 정작 자신을 둘러싼 이런 얘기들이 귀찮다는 듯 창밖을 보고 있었다.

그런 강율을 두나는 의심의 눈초리로 바라보았다. 강율의 모습 어디에서도 엄마들이 그렇게 바라는 전교 일 등의 '힘'은 느껴지지 않았다. 두나는 아직도 흥분을 감추지 못하고 있는 순지에게 살짝 물었다.

"끝에서부터 전교 일 등 아니야?"

그 순간 왠지 강율이 자신의 말을 듣고 쏘아보는 것 같다는 생각이 들었지만 강율 쪽을 바라보지는 않았다.

"새 학교라 낯설고 어려운 일이 많을 테니 너희들이 강율이에게 많은 걸 알려 주고 사이좋게 지내길 바란다. 강율아, 친구들에게 한마디 해 볼래?"

선생님의 말씀에 강율은 꾸벅 인사를 하고 입을 열었다.

"저는 전교 일 등을 한 적이 있지만, 예전 학교는 전교생이 일곱 명밖에 안 됩니다. 제가 제일 높은 학년이었고요. 일 등 할 사람은 저밖에 없었습니다."

그 순간 반 아이들은 책상을 두들기고 발을 구르며 교실이 떠나가게 아우성쳤다. 짝꿍 순지도 깔깔대며 야유에 동참했지만 두나는 처음으로 새로 온 전학생 한강율이 눈에 들어왔다.

"전교생이 일곱 명이래, 일곱 명! 하하하."

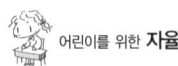
어린이를 위한 자율

"뭐예요, 선생님. 그게 어떻게 전교 일 등이에요?"

선생님에게 온갖 야유를 보내며 아이들은 모처럼 큰 소리로 웃었다. 적수가 나타난 줄 알고 긴장했던 게 한순간에 풀려 아이들은 기분이 배로 좋아진 모양이었다.

"아이고, 강율아. 그런 얘길 뭐 하러 하니? 어차피 그래도 전교 일 등인걸."

선생님은 아까보다 더 크게 교탁을 두드리며 아이들을 진정시키느라 진땀을 뺐다.

"조용! 그만 못 하니, 너희들! 일곱 명이건 칠백 명이건 일 등은 일 등인 거야. 너희들 중에 전교 일 등 해 본 사람 있어?"

아이들은 그제야 소란을 멈추었다.

"흠, 어쨌든 앞으로 강율이랑 사이좋게 지내야 한다. 강율아, 저 뒤쪽 빈 자리가 네 자리다. 가서 앉거라."

키가 훌쩍 큰 강율은 선생님께 짧은 목례를 하고 뚜벅뚜벅 맨 뒷자리로 걸어갔다. 그 후 시간들은 두나에게는 공부하기 싫고 발표하기 싫은 다른 날과 마찬가지로 별다른 사건 없이 지루하게 흘러갔다.

하굣길에 두나는 왠지 누군가 자꾸 자신의 뒤를 따라오는 느낌이 들어 불안했다. 두나가 사는 주택가 속의 한 동짜리 아파트가 오늘따라 너무 멀게 느껴졌다.

'가끔 신문에 나오는 유괴범인가? 아니면 혹시 내 옷이 비싸 보여서 돈을 달라고 쫓아오는 사람인가?'

별별 생각을 하며 걸음을 재촉하는데 모퉁이를 돌아서며 흘깃 보니 어른이 아니라 아이였다. 그런데 그 아이의 모습은 왠지 낯

이 익었다. 그러고 보니 저 옷차림은……. 강율! 바로 전학 온 강율이었다.

'저 애가 왜 날 따라오지? 멀찍이 떨어져 딴전 피우듯 여기저기 둘러보며 걸어오는 건 분명 날 미행하는 거야. 나를 왜? 혹시 아침에 내가 끝에서 전교 일 등일 거라고 비웃는 소리를 들었나? 맞아! 아무래도 그것 때문에 나에게 한마디 하려나 봐.'

결론을 내리고 나니 몇 분간 두려워했던 게 화가 날 정도였다.

'그깟 말에 꽁해 가지고 내 뒤를 따라와? 알고 보니 한심한 녀석이잖아.'

한심하게 보이니 피할 것도 없었다. 두나는 갑자기 걸음을 멈추고 발딱 돌아서서 강율을 향해 말했다.

"야, 너 왜 자꾸 쫓아오니? 쫓아오지만 말고 할 말 있으면 해."

"……. 난 널 쫓아온 것도 아니고 할 말도 없어."

조금 놀란 표정이던 강율이는 무뚝뚝하게 말했다.

"아침에 내가 너더러 끝에서부터 일 등 아니냐고 한 말 때문에 이러는 거니? 그렇다고 이런 식으로 굴면 곤란해. 계속 쫓아오면 우리 엄마한테 이를 거야."

두나는 당장 전화를 걸겠다는 듯 휴대폰을 강율 얼굴 앞에 들이밀며 쏘아붙였다. 그런 두나를 물끄러미 바라보던 강율이는

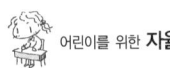

아무 대답 없이 다시 걸어가기 시작했다.

"야! 너 거기 안 서? 사람이 물으면 대답을 해야지!"

화가 나서 쏘아붙이는 두나에게 강율은 돌아보지도 않고 손을 흔들어 보였다.

"우리 집이 여기 1층이야. 잘 가라."

그러더니 한 동짜리 아파트 안으로 씩씩하게 걸어갔다. 두나는 기가 막혀 멍하니 바라보았다. 강율은 102호로 쓱 들어가 버렸고 두나는 침을 꼴깍 삼켰다. 그리고는 누가 볼까 봐, 그 누구 중에 특히 강율이 나와 보면 큰일이다 싶었다. 두나는 얼른 강율이 들어간 아파트 현관문을 열고 계단을 잽싸게 달려 올라가 202호 안으로 쏙 들어갔다.

'하필이면 왜 이 아파트로 이사를 온 거야? 그것도 모르고 유치하게 엄마한테 이른다고 했으니……. 아! 창피해.'

신발을 벗는 사이에도 두나는 내내 그 생각이 떠나질 않았다.

"아이, 난 몰라."

자신도 모르게 신음처럼 혼잣말이 튀어나왔다.

"뭘 몰라?"

굵은 목소리로 물으며 다가오는 것은 엄마가 아니었다.

"어머 깜짝이야. 우와! 지혁 오빠."

두나는 오빠에게 달려가 폭 안겼다. 지혁 오빠는 두나가 제일 좋아하는 천재 사촌 오빠다.

"오늘 왕 짜증 나는 날이었는데 오빠 덕분에 기분 정말 좋아졌어요."

지혁 오빠는 우리나라에서 제일 좋은 대학을 나와 제일 좋은 직장에 다니는 중이라 큰이모의 자랑이 하늘을 찌를 정도였다. 정말로 두나는 지혁 오빠 덕분에 강율이를 금세 잊을 수 있었다.

지혁 오빠는 원래 오늘까지 회사 출장 기간이라 집에서 쉬다가 외할머니께서 시골에서 보내신 김치와 반찬을 나눠 주려고 두나네에 온 거란다. 지혁 오빠를 따라 부엌으로 들어온 두나는 보이는 대로 보자기를 훌훌 풀고 그릇 뚜껑들을 휙휙 열어 보았다.

"우와, 이게 다 할머니께서 보내신 거예요? 와! 맛있겠다."

"근데 이거 다 정리해 냉장고에 넣어야 하는데 니네 엄마 왜 이리 안 오시니? 서점이시라더니 책을 만들어 오시나?"

"글쎄요. 또 저 주려고 이상한 책 고르고 계시겠죠. 참, 오빠도 전교 일 등 해 봤죠?"

"그럼 해 봤지."

"그거 굉장히 어려운 거죠? 아무나 못 하는 거죠?"

"그럼 당연하지. 전교 일 등이야 몇백 명 중에 한 명 아니니?"

"일곱 명 중에 일 등 한 거랑은 차원이 다르죠?"

"다르지, 그럼."

그러면 그렇지! 별것도 아닌 녀석 때문에 괴로워하지 말자고 두나는 머리를 흔들었다.

"근데 오빠도 공부가 젤 쉬웠어요. 뭐 그런 학생이었어요?"

"내가? 전혀 아니야. 아휴, 공부라면 지겹다, 지겨워. 근데 내가 왜 열심히 공부했는지 알려 줄까?"

집안의 자랑거리인 천재 오빠가 공부한 이유라니 두나는 눈을 빛내며 오빠를 바라봤다.

"이건 정말 너한테만 말해 주는 비밀인데, 사실은 시험을 못 볼 때마다 우리 엄마가 우는 거야. 그 우는 소리가 듣기 싫어서 공부했다."

"정말이요?"

두나는 믿기지가 않았다. 근엄한 큰이모가 운다는 것도 신기했고 천재 오빠의 공부 비결이 거창한 인류 구원 같은 게 아니고 엄마의 우는 소리가 듣기 싫어서라니……. 두나는 시무룩이 대답했다.

"근데 우리 엄마도 제 성적표 보고 운 적 많아요."

"하하하. 자매는 용감한 게 아니라 자매는 울보인가 보다. 찔러도 피 한 방울 안 나오게 생긴 우리 엄마나 이모가 눈물 흘리는 이유가 겨우 자식이 시험 못 봐서라니, 하하하."

지혁 오빠는 웃어 댔지만 두나는 별로 웃음이 나오지 않았다.

"우리 엄마나 너희 엄마나 아직까지 김치도 제대로 못 담그고 간장 게장도 못 담궈서 외할머니한테 얻어먹는 것도 똑같이 신기하다. 두나야, 그렇지?"

"그러게요. 우리 엄마는 게장이랑 김치 때문에 할머니께서 돌아가시면 안 된대요."

"하하하. 그렇게 말하는 것도 우리 엄마랑 똑같구나. 못 말린다, 못 말려."

오빠는 부엌이 떠나가게 호탕하게 웃었다. 그 모습이 만화에 나오는 멋진 꽃미남 같았다. 두나는 잠시 시무룩했던 기분도 싹 잊고 이런 오빠가 있다는 게 자랑스러웠다.

"너희들 뭐가 그렇게 재미있니?"

엄마가 책을 가슴에 하나 가득 안고 들어오며 물었다. 오빠와 두나는 둘만의 신호를 주고 받으며 웃음을 참느라 힘들었다.

"근데 두나야, 아래층에 5학년인지 6학년인지 그쯤 되어 보이는 남자애가 이사 왔더라. 꾸벅 인사하고 뛰어나가길래 몇 학년

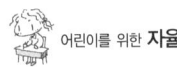

인지 물어보지도 못했어. 학원 가나?"

두나는 그제야 강율을 생각해 냈다.

'흥, 전교 일 등은 무슨? 전교 일 등이라면 지혁 오빠 정도는 돼야지.'

"그 집에서 내 또래 아줌마는 못 본 것 같은데? 나랑 친구할 만한 엄마였으면 좋겠네."

"잘됐다, 두나야. 등굣길 먼데 아침에 같이 다니면 되겠다."

수다 친구가 필요한 엄마 말에 아무것도 모르면서 지혁 오빠까지 덩달아 좋아했다. 그렇지만 왠지 두나는 같은 반 친구라는 말이 안 나왔다.

"어휴. 잠깐 집 비운 사이에 너희들 어쩜 이렇게 어질러 놨니? 두나, 넌 또 옷에다 뭘 그리 묻히고 온 거야? 학교 갔다 와서 옷도 안 갈아입은 거야? 거기다 게장 국물까지 식탁에 흘리고 가방은 어디다 팽개쳤어, 또?"

엄마의 속사포 같은 목소리가 두나의 생각을 흔들어 깨웠다. 매일 듣는 엄마의 잔소리였지만 지혁 오빠가 있어서인지 두나 마음에 가시처럼 박혀 왔다.

'조금만 기다려 주시지. 할머니께서 보내신 것 좀 먹어 보고 정리하려고 했다니까요.'

두나는 볼멘소리가 목까지 차오르는 걸 애써 참았다. 그 말을 했을 때 엄마의 대답도 뻔하기 때문이다. 두나가 손을 씻으려고 일어났지만 엄마의 잔소리가 두나를 또 한 번 한숨 나오게 했다.

"뭐 하니? 다 먹었으면 얼른 손 씻어야지. 빨리 옷부터 먼저 갈아입고."

'엄마는 어쩌면 저렇게 항상 앞서 가서 나를 김새게 만들까?'

"그리고 너 오늘 뭐 하는 날이지?"

'글쎄, 뭐 하는 날이더라? 생각하기 귀찮다. 아니, 생각할 필요도 없어. 조금 기다리면 엄마가 말해 줄 테니까.'

"영어 학원 가는 날이잖아. 숙제는 다 해 놨니? 단어는 다 외운 거야?"

'외웠을 리가 있나요? 엄마도 참.'

"지혁아, 두나 영어 단어 외우는 것 좀 봐 주고 저녁 먹고 천천히 가라."

"에이, 여기까지 와서 머리 쓰기 싫어요. 저 갈래요. 이모."

공부하기 싫다는 게 정말인지 지혁 오빠는 바람처럼 사라졌고, 두나에겐 지겨운 영어 단어 외우기와 그보다 더 지겨운 학원 수업 시간이 계속 이어졌다.

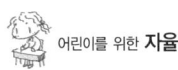

스스로 행동하는 힘_자율

누구의
숙제일까?

> 시간 끌어 봤자 생각나는 것도 없었다. 두나는 엄마가 써 준 독후감을 베껴 적기 시작했다.

다음 날부터 두나는 학교에서 강율이와 부딪히지 않으려 애쓰며 하루하루를 보냈다. 게다가 공부하기 싫은 모든 핑계를 갑자기 자기 방 밑에 이사 온 강율이에게 덧씌웠다.

오전 시간은 별 탈 없이 지나갔다. 그런데 급식 시간에 싫어하는 나물 반찬이 잔뜩 나와 두나의 기분이 살짝 나빠지려는 순간, 갑자기 교실 앞문 유리창에 화난 엄마의 얼굴이 나타났다.

무슨 일일까 의아해하는 데 엄마가 손에 든 봉투를 흔들어 보였다. 어젯밤에 엄마가 마트 가서 사 온 파스텔이다. 그제야 두나는 학교에 바래다 준 아빠의 차에 준비물을 두고 내렸다는 것을 깨달았다. 두나는 자신의 머리를 다다다 쥐어박았다. 밥맛이 싹 달아난 두나는 죽을 맛으로 엄마에게 가 파스텔을 받아 들었다. 그 짧은 순간에도 엄마의 눈에선 사다 놓은 것도 못 챙겨 가냐는 엄청난 분노의 빛이 뿜어 나오고 있었다. 엄마는 파스텔을 가지러 아빠 회사까지 다녀온 것이다.

'알아요, 알아. 나도 이런 내가 밉다고요.'

두나는 울고 싶어졌다. 이래저래 두나에게는 운이 안 좋은 날이었다. 아침 식사는 강율이보다 일찍 학교 가려고 거르고, 점심 급식은 엄마의 등장으로 또 건너뛰었더니 6교시엔 거의 쓰러질 지경이었다. 덕분에 마지막 미술 시간엔 온몸을 비틀다 파스텔로 도화지에 칠한 것보다 옷에 묻힌 게 더 많을 정도였다.

그런데 하필 오늘은 두나네 줄이 청소를 하는 날이란다. 게다가 선생님이 맨 끝에 앉은 강율이 덕에 한 사람 많으니 책상을 뒤로 밀고 제대로 청소를 하라고 했다.

두나는 강율이를 더 원망하며 선생님이 보거나 말거나 기운 없이 칠판 밑에 앉아 있었다. 그것을 본 뒷자리의 세현이가 툴툴댔다. 서로 청소를 하라고 입씨름을 하고 있는데 강율이가 주변을 쓸며 다가왔다.

어린이를 위한 **자율**

"둘 다 피곤하면 먼지 안 나는 쪽에 가서 쉬어. 내가 할게."
'체, 누구 덕에 이렇게 피곤한데 생색이야.'
두나는 화가 나기 시작했다.
"야, 한강율! 누가 피곤하대?"
두나가 쏘아붙이자 강율이는 아무 대답 없이 반대편으로 가서 쓸기 시작했다. 두나는 대답도 없는 강율이 얄미워서 그런지 갑자기 기운이 솟아 나머지 분단 쪽의 바닥을 씩씩거리면서 쓸기 시작했다. 옆 반에 갔던 선생님이 들어와서는 거의 끝나 가는 청소 상태를 보고 놀란 표정을 지었다.
"너희들 웬일이니? 오늘은 속도가 굉장히 빠른데? 근데 이쪽은 아직 안 쓸었니?"
선생님이 가리키는 곳을 보니 두나가 쓴 쪽이다. 두나가 대답을 못하고 우물거리자 세현이가 장난기 가득한 얼굴로 놀렸다.
"두나랑 강율이가 청소한 곳이 너무 차이 나요. 그렇죠, 선생님?"
"오호, 이쪽은 두나가 쓸었어? 두나가 쓸었다면 통과다. 두나가 오늘은 청소를 열심히 했구나."
선생님의 지적에 두나는 창피하고 당황했지만 강율이 앞에서 그런 말을 들었다는 것에 더 신경이 쓰였다.

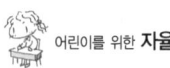

"너희들이 함께 열심히 청소하니 보기 좋구나. 오늘은 이 정도로 됐다. 창문 닫는 것은 선생님이 할 테니 그만 가 보거라."

아이들은 그 말을 기다렸다는 듯이 쏜살같이 가방을 찾아 메고는 인사도 하는 둥 마는 둥 교실 밖으로 달려 나가기 시작했다. 아이들이 아무렇게나 집어던지고 간 빗자루를 모두 청소함에 넣은 것은 강율이었다. 그런 모습을 선생님이 빙그레 웃으며 바라보는 것을 강율이는 알지 못했다.

강율이 나와 보니 아이들은 수돗가를 지나 벌써 교문 가까이 가고 있었다. 강율이는 부리나케 달려가 헉헉대며 아이들을 불렀다.

"얘들아!"

"왜?"

세현이가 돌아보며 물었다.

"이 동네에서 떡볶이가 제일 맛있는 데가 어디니?"

"떡볶이?"

"응. 가게도 몇 군데 있고, 길거리에서 파는 곳도 몇 군데 있던데, 제일 맛있는 데는 어떤 맛일까 궁금해서."

"떡볶이라면 시장 안에 있는 할머니 집이 젤 맛있지."

"맞아. 그 집 못난이만두도 맛있고 김말이도 맛있어."

"난 그 집 순대가 맛있더라."

청소할 때까지도 강율이와 별로 얘길 안 하던 반 친구들이 떡볶이 얘기가 나오자 모두 한 마디씩 거들며 신나했다.

"그럼 우리 거기 가서 떡볶이 먹을래? 내가 한턱 낼게."

강율의 제안에 아이들은 잠시 말을 멈추었다.

"글쎄. 먹고 싶긴 한데 오늘 청소까지 하느라 늦어서 거기까진 못 갈 것 같은데."

"나도 오늘 스케줄이 뭔지 몰라서 안 되겠어."

"엄마한테 물어봐서 언제 되는지 알아 올게, 그날 먹자."

"상윤이 너는?"

강율이가 묻자 상윤이는 휴대폰을 들었다.

"엄마 난데. 떡볶이 먹고 가도 돼? ……청소하느라 늦었단 말이야. 알았어 금방 갈게. 나도 안 된대. 담에 먹자."

상윤이는 시무룩이 대답했다. 아이들의 반응에 강율이는 잠시 이해가 안 간다는 듯 의아한 표정을 지었다.

"왜 떡볶이 먹는 걸 엄마한테 의논하니?"

강율의 질문에 아이들이 더 의아한 표정으로 강율을 쳐다봤다.

"스케줄을 잘 아는 건 엄마니까 그렇지. 강율이 넌 일주일 시

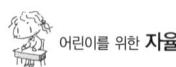

간표를 다 외우니?"

"시간표? 시간표는 교실 앞에 붙어 있잖아."

하하하 깔깔깔, 아이들이 모두 웃었다.

"그 시간표 말고 학원이랑 과외 시간표 말이야."

"맞아. 매일 다른 학원 스케줄을 어떻게 다 외우니? 집으로 오시는 선생님 중에 제시간에 안 오고 시간 바꿔 오는 분도 얼마나 많은데? 그런 건 다 엄마가 알아."

강율이는 시골의 학교 동생들과 학교 끝나면 들로 산으로 뛰어다니던 생각이 불현듯 났다. 그 아이들 중에 엄마에게 자신의 스케줄을 묻는 아이는 하나도 없었다. 전학 온 학교의 새로운 친구들은 뭔가 다른 세계에 사는 아이들 같았다.

강율이 생각에 빠져 있는 사이 아이들은 하나 둘 인사를 나누고 헤어지고 있었다. 떡볶이를 못 먹게 된 것이 못내 아쉬웠는지 머뭇거리던 세현이가 강율에게 물었다.

"근데 강율이 넌 집이 어느 쪽이니?"

별것도 아닌 질문에 흠칫 놀란 것은 두나였다. 그런 자신을 강율이 흘깃 본 것도 같았다.

"우리 집은 길 건너 은행 쪽으로 가야 돼. 그럼 담에 꼭 떡볶이 같이 먹자. 잘 가."

강율은 손을 흔들고는 씩씩하게 횡단보도를 향해 달려갔다. 그런 강율 때문에 두나는 더 심란해졌다.

'저쪽은 집과 정반대 방향이잖아. 쟤가 왜 저러는 거지? 나랑 같은 아파트에 산다는 것을 알고 일부러 피하나? 숨기고 싶은 사람이 누군데 먼저 딴소리를 하는 거야?'

집에 걸어오면서도 두나는 계속 찜찜했다. 생각할수록 기분이 나빠졌다. 그런 생각과 할머니 집 떡볶이가 먹고 싶다는 생각에

두나는 두 배로 고통스러웠다.

수학 학원을 다녀와서도 두나의 괴로움은 끝나지 않았다. 끔찍한 숙제가 기다리고 있었다. 학교에서 만든 사백 자 원고지를 앞뒷면으로 꽉꽉 채워 오라는 독후감 숙제였다. 책을 읽는 것도 싫은데 독후감까지 쓰라는 건 두나에게는 고문이었다.

뭘 읽을까 책을 고르던 두나는 오늘 엄마가 사 온 책들을 들춰보다 꼴도 보기 싫어 책상 밑으로 집어 던져 버렸다. 재미없는 위인전과 도무지 공부밖에 모르는 괴물 같은 언니 오빠들의 수기였다.

그런 책을 왜 읽어야 하는지, 그렇게 이상한 인생을 사는 언니 오빠들을 왜 따라 해야 하는지 모르겠지만, 두나 엄마는 그런 책을 잘도 찾아서 사 오셨다. 두나 생각에는 엄마도 이 언니 오빠들만큼은 공부를 잘하지 못했을 것 같은데 공부 못하는 사람의 마음을 어쩜 그렇게 모르는지 신기할 뿐이었다. 그러는데 엄마가 두나 방에 들어왔다.

"너 뭐 버릴 거 없니? 재활용 수거일이라 그래."

말씀은 그렇게 하시지만 분명 두나의 상황이 궁금해 감시하러 들어오신 거다. 엄마는 침대 위에 흩어진 옷도 정리하고 책상 위에 널브러진 책들도 책장에 꽂고 쓰레기통도 비우며 청소를 하

어린이를 위한 **자율**

셨다. 두나는 엄마에게 들키기 전에 얼른 책상 밑으로 던져 버렸던 책들을 주워 올리며 말했다.

"제가 할게요."

"청소 같은 건 안 해도 돼. 넌 커서도 청소, 빨래, 요리 그런 건 안 하고 살게 될 거다. 그러려면 그저 공부나 열심히 하면 돼."

사실 엄마는 단 한 번도 두나에게 집안일을 시킨 적이 없다. 그런 일할 시간에 책 한 권이라도 더 보라고 하셨다. 두나는 책 읽는 것보다는 방 청소를 하고 싶은데 말이다.

엄마는 청소가 아니라 두나를 감시하는 것이 목적였기 때문에 방바닥이 깨끗해졌는데도 나갈 생각을 안 했다.

"무슨 책으로 쓸지 정했니? 오늘 엄마가 사 온 책을 읽고 쓰지 그러니?"

"싫어요. 그리고 제발 공부만 한 이상한 언니 오빠들이 쓴 책은 그만 사 오세요."

"그게 왜 이상한 언니 오빠야? 훌륭한 언니 오빠지. 그런 언니 하나 집안에 있었으면……."

"지혁 오빠 있잖아요. 그런 오빠 집안에 있어도 저 공부하는 덴 전혀 도움 안 됐잖아요. 큰이모 보기 창피하다고 저한테 스트레스나 더 주시죠."

두나는 더 이상 엄마를 방안에 머물게 했다가는 스트레스 때문에 머리가 터져 버릴지도 모른다는 생각이 들었다. 벌떡 일어난 두나는 엄마를 방문 밖으로 밀어내기 시작했다.

"엄마. 제발 방해 마세요. 간식도 사절입니다."

그런 말에 물러설 엄마가 아니다. 엄마는 앞치마에서 뭔가를 꺼내 두나 손에 쥐어 주었다.

"너 이러다 밤샐 것 같아서 엄마가 준비해 봤다. 너도 다 읽은 책이니까 엄마가 쓴 거 참고해서 어서 독후감 끝내고 자라."

엄마가 나간 뒤 두나는 빈 사백 자 원고지를 바라봤다.

'저걸 어떻게 다 채우지? 쓰지 말고 그냥 혼나고 말까?'

이리저리 고민하던 두나는 결국 엄마가 적어 준 종이를 펴 봤다. 《퀴리 부인》에 관한 독후감이었다. 한숨이 나왔지만 어쩔 수 없었다. 더 이상 시간을 끌 수는 없었고 시간 끌어 봤자 생각나는 것도 없었다. 두나는 원고지에 엄마가 써 준 독후감을 베껴 적기 시작했다.

두나 방에서 나온 두나 엄마는 저녁 무렵 인터넷을 통해 독후감을 하나 찾아 놓기를 아주 잘했다고 생각하며 미소 지었다. 그리곤 콧노래를 부르며 베란다며 부엌에 쌓인 신문과 음료수 병

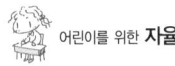

들을 주워 모아 현관문을 나섰다.

분리수거하는 곳에는 다른 날과 마찬가지로 경비 아저씨가 이것저것 정리를 하고 계셨고 이집 저집에서 아줌마들이 한아름 재활용품을 들고 나와 분리하고 있었다. 그 속에서 두나 엄마 눈에 며칠 전 현관에서 마주친 초등학생이 들어왔다.

"얘, 너 또 보는구나. 난 202호 아줌마야. 너 몇 학년이니?"

"5학년 3반이요. 두나랑 같은 반으로 전학 왔어요."

"어머, 그러니? 근데 너 내가 두나 엄마인 거 어떻게 알았니?"

"아침마다 두나 깨우는 소리를 들었어요."

"호호호. 두나가 좀 못 일어나긴 하지. 그럼 네가 그 새로 전학 왔다는 학생이구나. 이름이 뭐라고?"

"한강율이요."

"이름도 멋지구나. 어른들 도와 이렇게 분리수거도 하러 나오고 참 대견하네. 근데 넌 독후감 숙제 다 했니?"

"예."

"어휴, 네 부모님은 안 드셔도 배부르시겠다."

두나 엄마는 진심으로 강율이가 기특해 머리를 몇 번이고 쓰다듬었다. 그러면서도 강율 엄마도 보통이 아니라고, 자신보다 더 부지런한 엄마라고 짐작했다.

'시골에서 밭 메고 감자 캐고 소 여물 주고 하는 일에 비하면 분리수거쯤은 아무 일도 아닌데 왜 이러실까?'

강율이는 두나 엄마의 칭찬에 몸 둘 바를 몰랐다.

"우리 두나랑 같은 반이라니 더 반갑네. 나중에 우리 집에 놀러 와라."

"네."

강율은 꾸벅 인사를 하고는 쑥스러운 듯 집으로 달려 들어갔다. 그 모습이 어찌나 귀여운지 두나 엄마는 저런 아들 하나 있었으면 정말 듬직하겠다는 생각이 살짝 들었다.

"쯧쯧쯧. 참 안됐어요. 어른스럽고 듬직한 아이인데."

강율의 뒷모습을 보며 아직도 입가에 미소를 띠우고 흐뭇해하는 엄마에게 경비 아저씨가 다가오며 쯧쯧거렸다.

"안됐다니요?"

두나 엄마가 놀라 물었다.

"어쩐 일인지 부모님께서 같이 안 사세요. 할머니 한 분하고만 이사를 왔더라고요."

"할머니하고만요?"

"예. 할머니도 늘 바쁘시더라고요. 집에 잘 안 계셔요."

"어머나, 그렇군요. 우리 딸이랑 같은 나이인데 안타깝네요."

어린이를 위한 자율

경비 아저씨와 두나 엄마는 한참 동안 강율에 대해 이야기를 나누었다. 두나 엄마에겐 엄마의 도움 없이 혼자서 숙제도 분리수거도 잘 해내는 강율이 어쩐지 두나보다 훨씬 큰 아이로 느껴졌다.

"뭐라고요, 초대?"

다음 날 아침, 소파에 누워 비몽사몽 중에 엄마가 떠 주는 밥을 받아먹던 두나는 튕기듯 일어났다.

"누굴 초대해요?"

"아래층 한강율, 너랑 같은 반이라며? 어제 분리수거하다 만났어. 넌 왜 그런 얘길 여태 안 했니?"

잠이 확 달아난 두나는 눈에서 불이 날 정도로 엄마를 쏘아보며 물었다.

"걔한테 내 얘기 한 거예요? 나 여기 사는 거 걔는 모른단 말예요."

"벌써 알던걸?"

엄마는 자신의 큰 목소리 때문이라곤 말하지 않았다.

"정말요?"

"그래, 아래윗집으로 같은 반 친구가 있으면 좋지. 그걸 뭘 숨기고 그러니?"

"숨긴 거 아니라니까요."

"어쨌든 이렇게 살게 된 것도 인연이고. 걔가 할머니랑 단 둘이만 산대. 엄마가 한번 초대해 맛있는 저녁 좀 해 먹이려고. 오늘 학교 가서 강율이 뭐 좋아하나 꼭 물어보고 와라."

"으…… 친하지도 않은데 왜 초대를 해요! 걔네 할머니가 엄마보다 더 잘 해 먹일지 어떻게 알아요? 그리고 사실 엄마가 하는 음식 별로 맛없거든요?"

"뭐야? 내가 한 게 왜? 뭐가 맛없었는데? 어서 말해 봐."

엄마는 이제 강율의 초대보다 자신의 음식 솜씨 얘기에 더 관심이 쏠린 모양이었다.

"아, 몰라요, 몰라! 어쨌든 강율이 초대하는 거 절대 반대예요. 괜히 애들한테 놀림당한단 말예요. 강율이가 아래층에 산다는 것도 애들은 모르는데 딴 엄마들 만나서 절대 얘기하지 마세요. 아셨죠?"

"알았어. 말 안 할테니 엄마가 맛없게 한 음식이 뭐였는지나 어서 말해 봐, 너 거짓말한 거지?"

두나는 후다닥 책가방을 들고 달려 나가며 혀를 쏙 내밀었다.

"늦었다고요. 지각하면 엄마 때문이라고 선생님한테 이를 거예요."

독후감 발표 시간에 두나는 차마 발표를 하지 못했다. 엄마의 독후감이지 자신의 독후감이 아니었기 때문이었다. 그날 이후로 엄마는 툭하면 강율을 칭찬하며 나이답지 않게 듬직하고 의젓하다고 몇 번이나 초대 얘기를 꺼냈다. 하지만 그때마다 두나의 격렬한 반대로 강율이 초대는 무산되곤 했다.

두나는 출장 간 아빠가 간절히 보고 싶었다. 아빠가 안 계시니 엄마가 더더욱 자신에게만 신경을 쓰고 있어 점점 숨이 막혀 왔기 때문이다. 두나는 어떤 선물도 필요 없으니 아빠가 어서 돌아와 자유가 생겼으면 좋겠다는 기도를 하며 잠이 들었다.

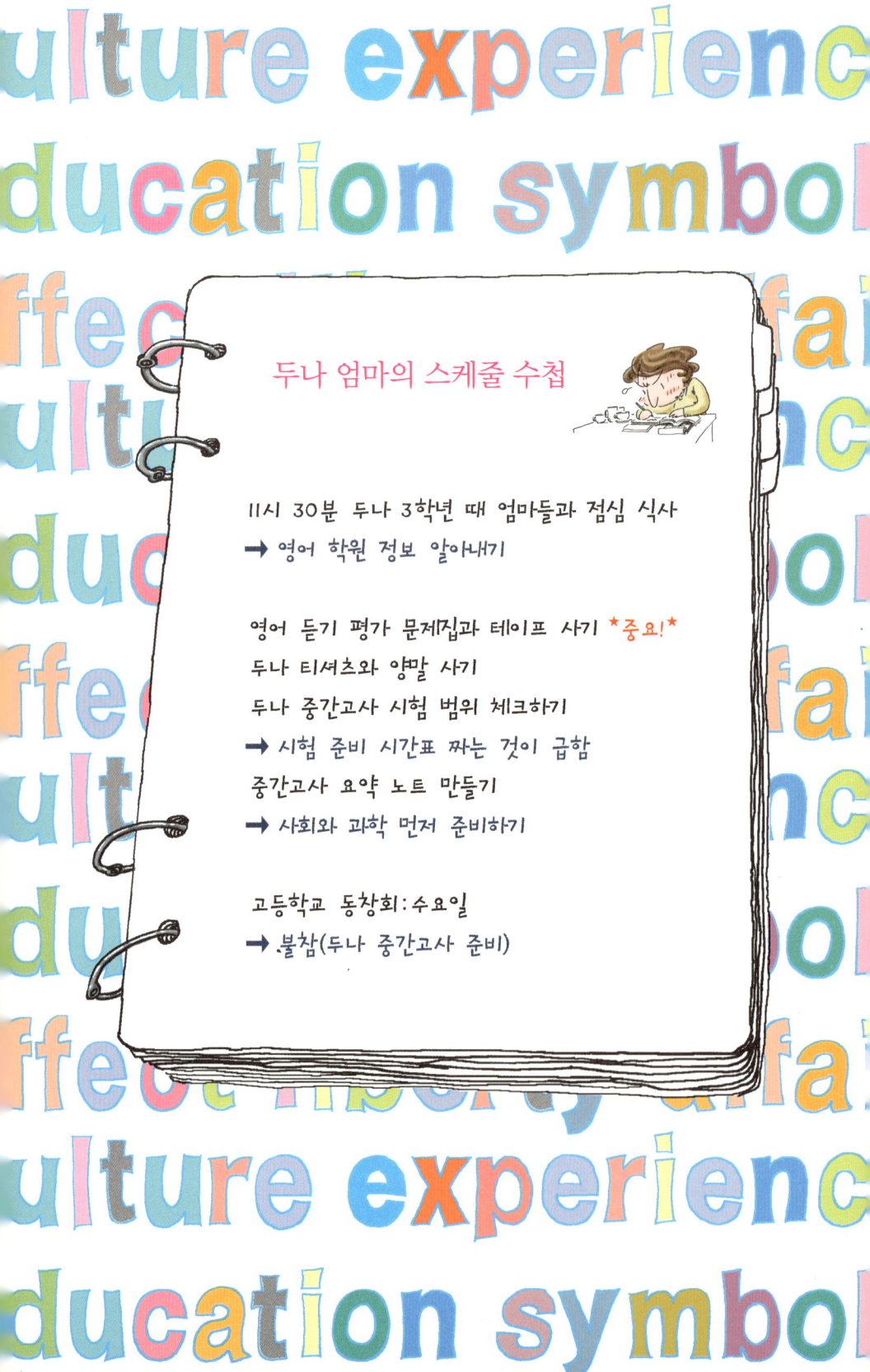

스스로 행동하는 힘_자율

## 엄마가 되라는 사람이 될 거야

어떻게 대답을 하건 결국 엄마가 되라는 사람이
될 것만 같아 기분이 좋지 않은 두나였다.

며칠 뒤에 두나는 피아노 선생님께 연습을 열심히 안 했다고 손바닥까지 맞았다. 레슨을 마치고 엄마에게 다시는 피아노 치기 싫다고 떼를 쓰는데 반가운 목소리가 들려왔다.

"두나야, 아빠 왔다."

두나는 여행 가방 위에 선물 상자를 한 가득 얹고 현관을 들어오는 아빠가 눈물 나게 반가웠다. 두나는 자신의 기도가 전달된 것이라고 생각했다.

"앙, 아빠!"

"당신 또 두나 혼내고 있었어? 이렇게 예쁜 두나를 왜 자꾸 혼내는 거야."

두나를 안아 주며 아빠가 말했다. 역시 아빠는 두나 편이다. 아빠가 오자마자 엄마는 목소리가 작아지고 있었다.

"아, 피아노 싫다는 애한테 왜 자꾸 스트레스 주나. 좋은 것만 하고 살기에도 짧은 세상이야. 하기 싫다는데 두나를 왜 고생시키는 거야. 피아노 레슨 당장 끊어."

"야호!"

두나는 탄성을 질렀고 그런 두나를 엄마는 째려봤다. 그렇다고 기죽을 엄마가 아니었다. 잠시 심호흡을 한 엄마는 야무지게 아빠를 바라보며 입을 떼었다.

"두나는 싫다고 하는 게 버릇이랍니다. 피아노뿐 아니라 좋다는 게 하나도 없다니까요. 영어만 해도 그래. 언제 유학 갈지 모르니 열심히 하라고 해도 만날 하기 싫다고만 하지 좋다고 한 적이 한 번도 없어요."

"그건 잘못인데, 이두나. 아빠가 이번 출장 가서도 뼈저리게 후회했잖니. 학교 다닐 때 영어 공부 열심히 안 한 거 말이야. 스위스는 독일어, 프랑스어, 영어 다 쓰는 나라란다. 아빠는 독일어도 프랑스어도 못하니 영어로 말을 해야 하는데 급할 땐 기본적

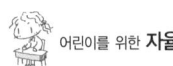
어린이를 위한 **자율**

인 단어도 생각 안 나는 거야. 어찌나 민망하던지. 존경 받으려면 지갑은 열고 입은 닫으랬다지만, 아무리 그래도 계약하는 데 영어를 제대로 할 줄 몰라서 입을 꾹 닫고 있어서야 되겠니?"

야호! 탄성을 지른 게 언제인가 싶게 두나는 점점 고개가 숙여졌다.

"그뿐만이 아니다. 네 선물 좀 봐라. 그거 하나를 사는 데도 말이다. 두나 네가 좋아할 만한 선물이 없는 거야. 손짓 발짓 다하다가 결국 아무거나 집어 왔단다. 여러 나라 다니는 데 매번 그 나라 말을 다 공부할 순 없고 영어라도 확실히 해 놔야지. 이번에 아빠가 아주 뼈저리게 반성하고 왔단다. 바로 영어 회화 학원 등록해서 새벽마다 다닐까 한다. 여보, 나 담 주부터 학원 가게 일찍 깨워 줘, 알았지?"

아빠의 말씀에 엄마는 점점 기세등등 어깨가 펴지더니 두나를 바라보고 목청을 높였다.

"들었지, 두나야? 들어가서 영어 공부해. 너 학교에서 곧 영어 듣기 평가하지? 그거 끝나면 얼마 안 있다 중간고사이고?"

두나 시험에 관한 거라면 최강의 기억력을 자랑하는 엄마가 줄줄줄 스케줄을 읊으며 압력을 넣었다. 결국 두나는 선물 보따리를 푸는 둥 마는 둥 하고는 영어 공부를 위해 방으로 들어갔다.

믿었던 아빠마저 두나 편이 아니었다. 게다가 아빠의 선물마저 유치원생들이나 좋아할 인형이었다.

'내가 5학년 된 게 언젠데? 내 밑으로 후배들이 얼마나 많은데…….'

두나는 또 한 번 속이 상했다.

영어 듣기 평가 시험을 잘 봐서 신형 휴대폰으로 바꿔 달라고 하려던 두나의 계획은 어이없게 어긋났다. 스피커에서 흘러나온 이야기를 잘 듣고 답안지에 표기를 하라는 고운 목소리의 영어 선생님 말씀 때문이었다.

'어쩌면 만날 저렇게 똑같은 말씀만 하실까? 좀 더 새롭고 재미있는 말씀은 못 하실까?'

두나가 잠깐 딴 생각을 하는 사이에 어느새 문제가 시작되고 샬라샬라 외국 남자의 목소리가 들려오기 시작했다.

'아차. 첨에 저 아저씨가 뭐라고 한 거지? 15개를 샀다는 거야? 50개를 샀다는 거야?'

허둥대는 사이에 문제는 계속되고 그렇게 시험은 끝이 났다.

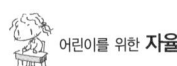

놀라운 것은 두나의 영어 듣기 성적은 동상도 못 탈 성적이었는데 시골에서 올라온 강율이가 금상을 탔다는 것이다.

두나의 형편없는 성적을 들은 아빠는 영어 학원에 들어간 돈이 얼마인 줄 아냐고, 쓸데없는 데 돈 들이지 말라고 계산기를 두들겨 보였다. 엄마는 두나의 모든 스케줄을 적는 수첩을 펼쳐 들고 골똘히 생각하더니 착 가라앉은 목소리로 말했다.

"다가오는 중간고사를 잘 보도록 해. 그때 한꺼번에 얘기하자."

차라리 오늘 크게 혼나고 마는 게 낫지, 중간고사를 잘 보라니. 두나는 엄마의 철저함이 두려워졌다.

중간고사를 잘 봐야 최신 휴대폰도 사 주고 영어 듣기 시험을 망친 것도 혼내지 않는다는 엄마의 협박에 두나는 점점 더 공부가 하기 싫어졌다. 대신 엄마 입에서 강율이를 초대한다는 얘기가 쏙 들어가서 그거 하나는 맘에 들었다.

두나는 시험 공부를 하려니까 갑자기 동화책이 읽고 싶어졌다. 하지만 엄마는 어떻게 아셨는지 동화책을 펼치기만 하면 귀신같이 방에 나타났다. 동화책은 시험 끝나고 읽으라며 뺏어 들고 교과서를 쥐어 주고 나갔다.

두나에겐 도무지 이해도 안 되고 외워지지도 않는 사회 교과서 속 남부 지방, 중부 지방의 그 수많은 도시 이름들이 영어 단어만큼이나 낯설게 느껴졌다. 두나가 아무리 해도 지방의 특산물과 지역 이름이 외워지지 않는다고 징징대자 엄마는 인터넷을 뒤져 쉽게 설명된 요약 내용을 프린트해 주었다.

하지만 그것도 썩 맘에 안 드는지 두나가 학교 간 사이 각 과목 요약 노트를 만드는 일에 재미를 붙이고 있었다. 알록달록 형광펜으로 중요한 내용에 별표를 그리고 기호를 붙여 가며 엄마는

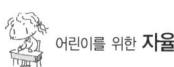

두나보다 더 열심히 5학년 교과서를 독파하고 있었다. 학교에서 돌아온 두나는 엄마가 만들어 놓은 요약 노트를 신기한 듯 바라보았다.

"엄마 학교 다닐 때 정말 공부 잘했나 보다. 엄마도 지혁 오빠처럼 한국대학교 나오셨어요?"

"흠흠, 넌 어서 옷이나 갈아입어."

"와! 글씨도 정말 예쁘게 쓰셨다. 이거 보면 정말 공부 잘되겠어요, 엄마."

"조금만 기다려, 아직 사회를 반밖에 못했어. 과학까지 정리하려면 시간 좀 걸리겠다. 오늘은 우선 사회 여기까지만 외우고 있어."

그러는데 엄마의 휴대폰이 울렸다.

"어머, 진숙이 아니니? 네가 웬일이니? 뭐라고, 동창회?"

가만히 들어 보니 이십 년 만에 고등학교 동창들이 만나자는 내용이었다. 엄마는 갈등하더니 중요한 일이 있어 못 가겠다며 끊었다.

"무슨 일인데요, 엄마? 이십 년 만인데 나가시죠?"

"두나야! 네 시험보다 중요한 일이 어디 있니? 넌 어쩜 그렇게 정신을 못 차리니?"

"엑. 그 중요한 일이라는 게 내 시험이라고요?"

두나는 정말로 깜짝 놀라 재차 물었다.

"엄마 거짓말하시는 거죠? 설마 내 시험 때문에 이십 년 만의 동창회를 안 나가시다니요? 사실은 엄마 왕따였던 거죠? 그래서 나가기 싫어 안 나가는 거죠?"

"뭐라고? 엄마가 왕따였다고?"

두나는 이번엔 정말로 마음속에 품었던 생각을 엄마에게 말하기로 했다. 두나가 보기에 엄마는 친구가 하나도 없는 사람이었다. 물론 만나는 사람들은 많고 늘 바쁘지만 그건 다 두나의 1학년 때부터 5학년 때까지 각 학년 친구 엄마들이나 학원 친구 엄마들뿐이었다. 그 외에 엄마의 친구들은 하나도 못 봤다. 엄마는 엄마 친구들은 안 만나고 오로지 두나 학교 친구 엄마들만 만나서 두나의 학교 얘기, 공부 얘기만 하는 것이었다.

"엄마도 제 친구 엄마들 그만 만나고 엄마 친구 좀 만나세요."

"뭐라고? 애가 점점. 시끄러워! 어서 시험 공부나 해. 네가 이런 쓸데 없는 생각할까 봐 내가 동창회도 못 나가는 거야."

엄마는 또 두나 탓이란다. 두나는 엄마에게 초등 5학년 교과서 요약 노트 만드는 게 동창회 나가는 것보다 더 중요한 일이라는 게 믿기지 않았다.

두나는 갑자기 삼십 년 후 자신도 저런 모습으로 살아야 하는 것인지 두려워졌다. 어른이 된다는 건 정말 재미없는 일 같았다. 지금도 하기 싫은 공부를 아이 때문에 다시 해야 하다니 두나는 어이가 없었다. 어른이 돼서 아이를 낳지 않으면 교과서 요약은 안 해도 되나? 두나는 정말 궁금했지만 차마 엄마에게 물어보지는 못했다.

5학년이 왜 지금까지와 다른지는 모르겠지만 엄마는 5학년부터는 고학년이니 공부를 열심히 해야 한다며 시험에 아주 신경을 쓰셨다. 엄마는 계속 이 과목 다음엔 저 과목, 이 교과서 다음엔 저 참고서, 이 문제집 다음엔 저 문제집으로 스케줄을 짜 놓았다. 그 다음에는 중요한 순서대로 두나에게 알려 주고 정리해 주고 채점해 주고 물어봐 주는 것을 다 하느라 바빴다.

두나는 5학년 시험을 잘 봐야 한다는 엄마 말에 자꾸 체할 것 같았다. 엄마가 만들어 놓은 알록달록 요약 노트만 보면 눈이 어지럽고 머리가 뱅글뱅글 돌았지만 그런 말은 꺼낼 수는 없었다.

엄마는 두나에게 엄마가 요약한 노트를 외우게 하고는 물어보았다. 하지만 엄마는 두나가 생각이 나지 않아 뜸을 들이면 참지 못하고 알려 주었다. 과학도 두나가 어렴풋이 대답하면 엄마가 얼른 정답을 말해 줬다. 너무 여러 가지를 엄마가 자꾸 물어 와 두나의 머리가 뒤죽박죽 되는 사이에 어느새 시험 전날이 됐다.

엄마는 5학년 교과서 박사가 되어 이제 책을 안 보고도 물어볼 정도가 되었다. 하지만 두나는 그런 엄마를 구경하는 게 더 신기할 뿐 엄마가 물어보는 건 여전히 얼렁뚱땅 대답하고 있었다. 밤 12시 넘어까지 엄마는 두나에게 국어와 과학 참고서를 들고 질문을 하셨고 두나는 비몽사몽 간에 대답을 하다 잠이 들었다.

다음 날 두나는 시험 시작 종이 울렸는데도 머리가 멍하고 도무지 졸음이 쏟아져 견딜 수가 없었다. 난생 처음 자정 넘어서까지

시험 공부를 한 후유증인지, 시험지의 글자가 두 개 세 개로 보이며 눈꺼풀이 자꾸만 내려올 뿐이었다. 옆의 친구는 열심히 문제를 푸는데 두나는 졸음을 쫓아내느라 안간힘을 썼다.

"선생님 답안지 잘못 썼어요, 새 답안지 주세요."

누군가가 외치는 소리에 두나는 퍼뜩 정신을 차렸다. 그때부터 정신을 차리고 문제를 풀기 시작했지만 오늘따라 국어 문제의 지문은 왜 이리 길기만 한지! 정신 없이 바쁘게 문제를 풀었지만 시간이 모자라 마지막 주관식 문제는 답을 못 쓰고 답안지를 제출해야 했다.

그렇게 한 시간 시험을 치르고 나니 두나는 얼이 빠질 지경이었다. 잠이 부족한 와중에 시험까지 엉망으로 치르자 에라, 모르겠다 심정이었고, 그 다음 과학 시험까지 망친 듯했다.

집에 돌아오니 엄마는 기대감으로 두나를 바라봤다. 족집게 선생님처럼 중요한 문제를 뽑아 주고 밤새 공부를 시켰으니 기본은 했겠지 짐작한 게 분명했다. 두나는 차마 시험 시간에 졸았다는 말은 못 하고 내일 시험 볼 수학과 사회가 더 걱정이라고 둘러댔다.

두나는 다음 날도 마찬가지로 졸린 눈을 부릅뜨고 비몽사몽 간에 두 시간 시험을 치렀다. 어쨌거나 그렇게 시험은 끝났다. 결과가 나올 때까지 며칠 동안은 두나와 엄마 모두에게 자유 시간이었다.

하지만 그 자유도 오래 가지 못했다. 선생님의 채점이 끝나고 성적이 나온 날, 두나는 집에 들어가기가 두려웠다. 두나보다 먼저 엄마는 소식통에 의해 이미 반 아이들의 성적을 꿰고 있을 터였다.

그렇게 열심히 옆에 붙어서 가르쳐 줬는데, 중위권도 아니고 하위권으로 추락한 두나의 성적에 얼마나 충격을 받을지……. 거기다 시골에서 올라온 강율이가 일 등을 했다는 사실에 엄마가 어떤 반응을 보일지 두나는 상상도 하기 싫었다.

'엄마가 또 한탄하며 울고 계실까? 아니면 지난번 영어 듣기 평가 때부터 미뤄 온 온갖 꾸중을 한꺼번에 폭발하실까?'

어떻게 생각해도 두나로서는 죽는 일만 남았구나 싶어 무거운 발걸음으로 집을 향했다. 그런데 아파트 앞 놀이터를 지나치는데 앞서 가는 강율이 보였다. 강율이만 아니었으면 엄마가 덜 실망했을 텐데 하고 원망스럽다가도 한편 궁금해졌다.

'쟤는 어떻게 공부하기에 다 잘하는 걸까?'

참다 참다 두나는 소리를 질렀다.

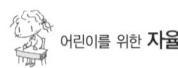

"야! 한강율, 잠깐만!"

강율이는 전학 온 첫날 길에서 따진 이후로 말도 걸지 않고 같은 아파트에 사는 걸 숨기고 싶어하는 것 같던 두나가 말을 걸자 조금 놀란 눈치였다.

"어? 왜 그러니?"

강율은 멈춰서 두나가 다가오는 것을 기다리며 물었다.

"너 시험 잘 봤더라. 넌 어느 학원 다니니?"

"나? 학원 안 다니는데?"

"뭐? 학원을 안 다닌다고? 그럼 영어도? 영어를 어떻게 혼자 공부해?"

"그냥 재미있는 영어 동화책 읽으면서 공부하는데."

강율이는 시큰둥하게 대답했다.

"재미있는? 넌 영어가 재미있니? 어떻게 영어가 재미있을 수가 있어?"

두나의 목소리가 갑자기 엄마 목소리만큼이나 신경질적으로 커졌다.

"글쎄. 뭐 난 로빈슨 크루소처럼 해외 여러 나라를 여행 다니고 무인도까지 탐험하는 게 꿈이거든. 그러려면 영어 정도는 잘해야 할 것 같아서. 그렇게 생각하니 영어가 재미있던걸?"

강율은 여전히 별일 아닌 듯 대답한다.

"로빈슨 크루소?"

영어 얘기하다 갑자기 웬 로빈슨 크루소? 두나는 황당하면서도 처음으로 강율이 재미있는 아이라고 느꼈다.

"응, 로빈슨 크루소. 정말 멋진 아저씨 아니니? 난 정말 그런 아저씨처럼 혼자서도 뭐든지 할 수 있는 사람이 되고 싶어. 두나 너는 어떤 사람이 되고 싶니?"

두나는 그런 질문 자체가 짜증났다. 더 말하고 싶지도 않았다.

"엄마가 되라는 사람."

두나는 이렇게 대답하고 획 돌아섰다. 두나는 강율을 돌아보지도 않은 채 이번엔 먼저 현관 안으로 달려 들어갔다.

두나는 자신이 왜 그런 대답을 했을까 되돌아봤다. 퀴리 부인이라던가 미국의 대통령이 되겠다고 나선 클린턴 아줌마라던가……. 아! 그 사람들도 엄마가 두나에게 닮아 보라던 사람이다. 그럼 차라리 보아 언니 같은 여자라고, 좀 더 근사한 사람을 말할 수도 있었는데 말이다.

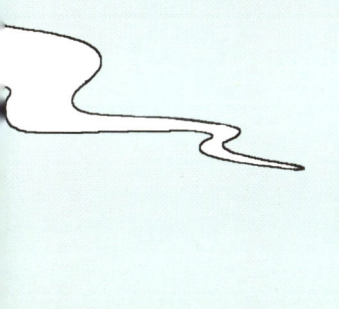

늘 두나를 주시하면서 조금만 잘못돼도 틀렸다고 고쳐 주는 엄마 때문에 두나의 목표는 어느새 엄마를 기쁘게 하는 것, 엄마가 하라는 대로 하는 것으로 변해 버린 것은 아닌지 혼란스러웠다. 하지만 어떻게 대답을 하건 결국 엄마가 되라는 사람이 될 것만 같아 두나는 기분이 좋지 않았다.

엄마에게 혼날 걱정에 무거운 마음으로 두나가 집에 들어와보니 엄마가 이상했다. 혼내기는커녕 그냥 미소를 지으며 두나를 바라보았다. 그러더니 두나의 머리를 쓰다듬으며 말했다.

"두나야, 괜찮아. 기죽지 마, 시험 못 본 거 네 탓 아냐. 제대로 공부 못 시킨 엄마 탓이야. 담부턴 엄마가 더 미리미리 시험 준비해 놓을게. 정말 미안해, 두나야."

두나는 말문이 막혔다. 시험 공부를 하지 않은 건 두나 자신인데 왜 엄마가 저리도 반성을 하는지. 게다가 시험 문제 받아 놓고 졸기까지 한 자신인데 말이다.

"아무래도 학원을 바꿔야겠다. 그리고 또다시 이런 일이 안 생기게 사회나 과학을 위해서도 학원이든 과외 선생님이든 한번 알아봐야겠다."

"아니에요. 엄마. 제가 공부 안 해서 그런 거니까 선생님 필요 없어요."

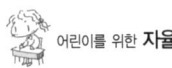

"아니야. 혼자 다 하겠다는 생각을 버려. 선생님 도움을 받으면 짧은 시간에 더 잘할 수 있어. 엄마가 유명한 선생님으로 한번 알아볼게."

두나는 정말 혼란스러웠다.

'차라리 시험을 못 봤다고 엄마가 마구 혼냈으면 좋겠어. 시험 못 본 건 엄마 탓도 과외 선생님 없는 탓도 아닌데 엄마는 왜 저럴까? 내가 너무 자책하고 실의에 빠질까 봐 미리 걱정해 주시는 걸까?'

엄마는 맛있는 것을 해 주시겠다며 결연히 일어나 장바구니를 들고 현관으로 나갔다. 그 후에도 한동안 두나는 머리가 복잡해 우두커니 소파에 앉아 있었다.

두나 엄마는 큰맘 먹고 두나가 제일 좋아하는 요리를 해 주기로 했다. 남편 생일 때도 안 하던 음식 솜씨를 발휘해 보려고 고기와 야채를 고르며 두나 엄마는 마음이 바빴다.

사실 두나 엄마도 처음엔 너무 충격을 받았다. 시험 다음 날부터 여기저기 들리는 소문에 누구는 몇 점, 누구는 몇 점, 두나는 몇 점이라는 소문을 들었다. 그래도 설마 했다.

그런데 그 믿지 못할 점수가 사실로 확인되자 살기 싫을 정도였다. 두나 혼자 공부한 것도 아니고 자신이 계속 가르쳐 줬는데도 그런 성적이라니 믿기지가 않았다. 학창 시절 자신이 시험 못 봤을 때보다 더 가슴이 아프고 분하고 억울했다.

하지만 두나 엄마는 그런 마음을 두나에게 티 내지 않으려고 무진장 애썼다. 차츰 충격에서 벗어나면서부터는 두나가 실의에 빠지지 않고 실력을 쌓을 수 있도록 엄마로서 어떻게 해야 할지, 두나에게 어떤 공부부터 가르쳐야 할지 생각이 많아졌다. 그동안 두나를 너무 팽개쳐 뒀다고 뒤늦은 후회와 반성이 밀려왔다.

무거운 장바구니를 양손에 들고 오는데, 경비실 앞에서 경비 아저씨와 웬 할머니가 부대를 들고 실랑이하는 것이 보였다.

"마침 오시네요. 할머니 이분이 두나 어머님이어요. 저는 필요 없으니 이분 드리세요."

경비 아저씨는 두나 엄마를 보고 반갑게 인사하며 할머니에게 소개시켰다.

"그럴까유, 그럼? 아휴, 그 집 공주님이 우리 강율이랑 같은 반이라쥬?"

"예? 맞아요. 안녕하세요? 두나 엄마예요."

"반가워유. 이거 내 동상이 시골서 보내온 건디 감자가 아주 잘생긴기 맛나유. 반찬도 해 먹고 쪄서도 먹고 해유."

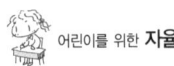

강율이네 할머니는 소담스럽게 감자를 한아름 싸 줬다. 두나 엄마는 사실 강율이도 강율이 할머니도 반갑지 않았다.

"괜찮아요, 할머니. 저도 방금 사 왔어요. 강율이 많이 주세요. 시험 공부하느라 힘들었을 텐데."

"엥? 시험? 우리 강율이가 시험 봤슈?"

"어머, 모르셨어요? 며칠 전에 중간고사 봤잖아요. 강율이가 시험 아주 잘 쳤던데요. 좋으시겠어요. 그리고 말씀 놓으세요."

"아이구, 이 자슥. 그러느라고 할미 다리도 안 주물러 줬구먼."

두나 엄마는 기가 막혔지만 호기심이 생겨 내처 물었다.

"근데 강율이는 어디 학원 다녀요?"

"학원? 학원을 왜 댕겨유?"

"그럼 집으로 과외 선생님이 오나요?"

"과외? 아니 뭔 과외? 그 돈 있으면 괴기를 사 먹지유."

두나 엄마는 눈이 찡그려졌다.

"그럼 강율이 혼자 다 공부한다고요?"

"공부를 혼자 하지 둘이 하남유? 뭔 소리래유, 당최?"

"아니, 그럼 리스닝은요? 그것도 금상이던데, 그건 혼자 하기 힘들 텐데 어떻게 하나요?"

"니스…… 뭐유? 그게 뭐래유?"

이제 두나 엄마는 눈뿐만 아니라 온 얼굴이 찡그려졌다.

"아이고, 할머니 아주 장한 손자를 두셨구만요. 요새 학원 안 다니는 애들이 없다는데."

경비 아저씨는 자기 손자 일처럼 기뻐하며 얘기를 거들었다.

"뭐 해유. 두나 엄마. 이 감자 갖고 가라니께유."

"아니에요, 할머니. 정말 많아요. 그럼."

두나 엄마는 감자도 할머니도 뿌리치고 서둘러 아파트 현관으로 들어갔다.

"아휴, 못살아. 정말."

식탁 위에 장바구니를 내팽개치며 엄마는 짜증을 부렸다. 두나는 무슨 일인가 놀라 읽고 있던 《로빈슨 크루소》를 들고 쫓아 나왔다.

"아휴, 내가 너 땜에 못산다. 정말."

"제가 왜요?"

"아휴, 아휴. 도저히 이 기분으론 밥 못 하겠다. 아무거나 시켜 줄 테니 먹어."

두나는 엄마 분위기가 심상치 않아 아무 소리도 못하고 고개를 끄덕였다. 엄마는 돈까스 하나를 배달시키고는 방으로 들어갔다. 엄마는 안 드시냐고 두나가 쫓아가며 물었다.

"밥 먹을 기분 아니야. 엄마 방해하지 말고 숙제부터 해!"

엄마는 나갈 때와는 달리 살벌하게 방문을 쾅 닫았다. 두나에게 맛있는 걸 해 준다고 장 보러 나갔던 엄마가 저렇게 기분이 나빠져 돌아온 이유가 궁금했다. 평소 질색하던 배달 음식을 시킬 정도면 뭔 일인가 생긴 것이 분명했다. 두나는 '너 땜에 못산다'라고 했던 엄마 말을 곱씹으며 어두운 맘으로 돌아섰다.

침대에 누운 두나 엄마는 속이 부글거려 견딜 수가 없었다. 부모도 없이 리스닝이 뭔지도 모르는 할머니와 자라는 아이가 영어도 잘하고 일 등을 했다는 게 믿기지가 않아서였다. 게다가 시험 기간인지도 모르고 봐 주지 않는 할머니 밑에서 혼자 공부한 강율이와 시험 기간 내내 같이 공부한 두나와 자신을 비교해 보니 모욕을 당한 기분이었다.

두나 엄마는 대체 자신이 무엇을 잘못했기에 이런 시련이 두나와 자신에게 오는지 억울했다. 앞으로 어떻게 두나를 가르쳐야 하는지 해답 없는 질문을 계속하며 두나 엄마는 정말 울고만 싶었다.

# 어·린·이·를·위·한
# 자·율

### 나도 스스로 해 보고 싶어요
"엄마가 시키는 대로가 아니라 나 혼자 생각하고 결정해 보고 싶어요."

스스로 행동하는 힘_자율

## 강율이는 소년 가장?

두나는 정말로 궁금했던 것을 물었다. 강율이는 도대체
그 하기 싫은 공부를 왜 하는 것일까?

다음 날 강율이는 학교에 오지 않았다.

'로빈슨 크루소 얘기를 나눌 때만 해도 아파 보이진 않았는데 무슨 일일까? 설마 내가 너무 쌀쌀맞게 말해서 상처를 받았나?'

두나는 하루 종일 강율이 신경 쓰였다. 종례 시간에 선생님이 알림 사항을 전했다.

"내일 남산 식물원 견학이 있으니까 늦지 말아라. 체육복 입고 준비물 챙겨 오고, 누구 강율이네 아는 사람?"

두나는 심장이 두근거렸다. 왠지 죄를 짓는 기분이었다.

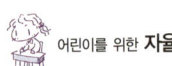

"너희들 아무리 전학생이라지만 너무 신경 안 써 주는 거 아니니? 정말 아무도 아는 사람 없어?"

아이들은 서로의 얼굴을 멀뚱멀뚱 바라볼 뿐이었다.

"할 수 없지. 선생님이 강율이네 집으로 전화해야겠구나. 너희들도 체육복하고 준비물 잊지 말고, 이상 종례 끝!"

두나는 일 층에서 계단을 올라가다 망설이며 다시 강율이네 현관 앞에 섰다. 내일 준비물을 알려 주려는 것보다 결석을 왜 했는지 궁금했기 때문이다. 두나가 용기를 내서 벨을 눌렀는데 안에서 반응이 없었다.

'움직일 수 없을 정도로 많이 아픈 걸까? 병원 갔나?'

내친김에 여러 번 벨을 눌렀는데도 대답이 없어 그냥 이 층으로 올라가려는데 그제야 현관문이 열렸다.

"누구냐?"

강율이 할머니가 얼굴을 내밀었다.

"안녕하세요? 이 층 사는 이두나입니다. 강율이가 학교를 안 와서요. 어디 아픈가요?"

"강율이가 아니고 내가 아파서 나 간호하느라고 못 간겨. 들어올 텨?"

"많이 아프세요?"

따라 들어가며 두나가 물었다.

"한 사날 땡볕에서 일을 해서 그런가 밤새 온 삭신이 쑤시고 열이 나서 혼났다."

"그럼 어서 누우세요. 근데 강율이는 집에 없나요?"

"응. 통 입맛이 없다고 했더니 갸가 장 보러 갔구먼."

"아, 그래요?"

"왜 여적 안 오나. 빨래도 해야 하고 할 게 천지구만?"

"강율이가 빨래도 해요?"

"그럼 단둘이 사는데 할미가 아프면 강율이가 해야지 누가 하남? 세탁기가 다 해 주는 거, 넣기만 하면 되는걸. 나는 눈이 침침해 글씨가 안 보여서 기계에다 하는 건 강율이가 더 잘혀. 넌 안 하남?"

"아, 그게……."

할머니는 소파에 누워 대답을 못 하고 진땀을 흘리는 두나를 말똥말똥 올려다보았다.

"너 그 피아노 참 잘치더구먼. 이 층서 들리는 피아노 소리가 참말로 듣기 좋다고 강율이랑 여러 번 얘기했구먼. 통 모르는 노래뿐이라 아는 노래가 나오면 월메나 좋을까 그런 말두 허구."

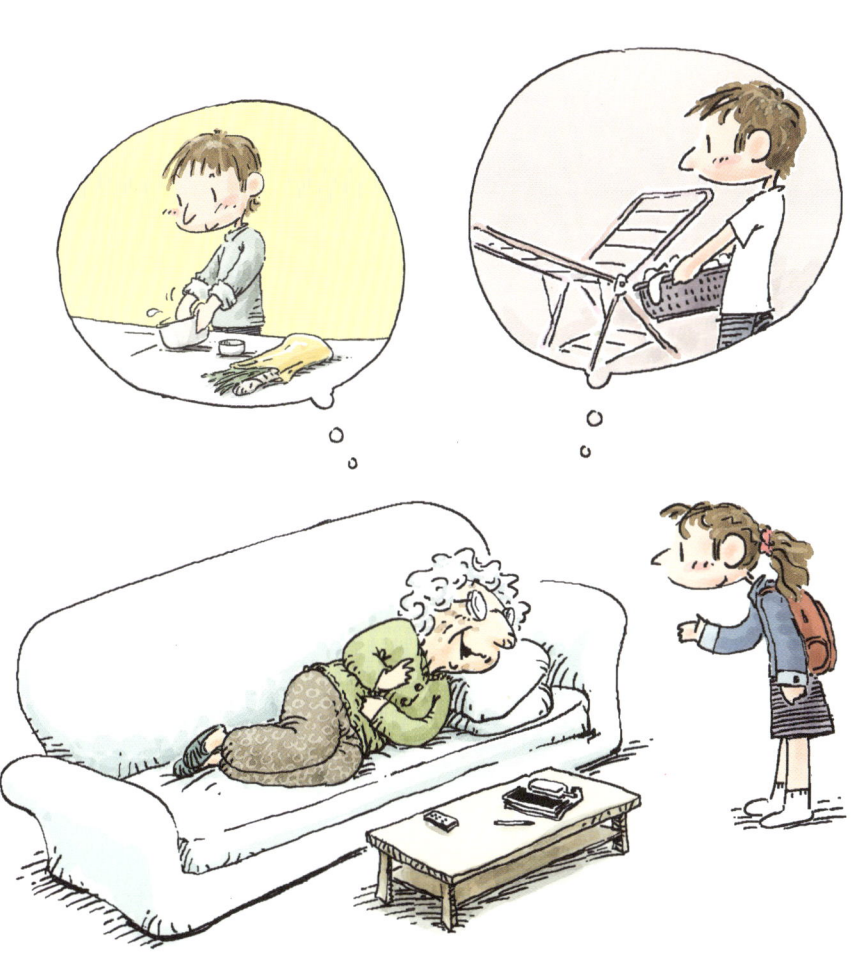

두나는 자신의 형편 없는 피아노 소리가 이곳에 들려온다니 조금 창피한 기분이 들었다. 하지만 솔직히 좀 더 잘 쳐서 할머니와 강율에게 정말로 아름다운 소리로 들려주고 싶다는 생각도 들었다. 그래서 앞으로는 할머니가 아는 노래도 치기로 약속했다.

"아! 참, 내일 현장 학습이라 체육복 입고 학교 가야 해요. 준비물도 있고요. 그 얘기 해 주려고 온 거예요. 그런 게 다 여기 적혀 있어요."

두나가 가방을 열고 뒤적뒤적 인쇄물을 찾으며 말했다.

"이 녀석이 체육복을 빨아 놨는지 모르겠구먼. 하여튼 나한티 말하면 다 잊어뿌린께, 저기 강율이 방에 갖다 둬."

"예."

조심스럽게 열어 본 강율이 방은 책상과 책장이 단출하게 있었다. 책장엔 책도 별로 없고 두나 방에 있는 수없이 많은 참고서나 문제집도 강율이 방엔 별로 없었다. 책상 위에는 두나라면 쳐다보지도 않을 구형 모니터가 올려져 있었다. 침대도 없었다.

두나가 조용히 강율 책상 위에 인쇄물을 올려놓으려는데 깨끗한 책상 위엔 놓인 책마다 '구립도서관'이라고 찍힌 도장 글씨가 보였다. 책상 옆 벽에는 특이한 그림도 하나 붙어 있었다. 자세히

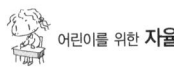

보니 '○○초등학교' '○○중학교' '○○은행' 같은 글씨가 보였다. 공원도 있고 야트막한 산도 그려져 있고 그 가운데 도서관도 그려져 있었다.

"야, 너 남의 방에서 뭐 하니?"

어느새 들어온 강율이 두나를 툭 치며 물었다. 두나는 자신이 왜 여기 왔는지 대답하는 것도 잊고 그림이 무엇인가부터 물었다.

"이 동네잖아. 내가 이사 와서 며칠 동안 멀리까지 걸어 다녀 보면서 알아낸 거야."

"어머, 이렇게 그려 놓으니까 신기하다. 우리 동네에 도서관도 있었네."

"넌 한 번도 안 가봤니? 책도 많고 아주 좋던데. 버스로 두 정거장쯤 되는데 난 걸어 다녀."

두나는 자기가 사는 동네가 이렇게 생겼는지 처음 알았다. 사회 책에 나오는 지도만 보다가 강율이가 동네를 그린 것을 보니 신기했다. 로빈슨 크루소를 좋아한다더니 강율이는 평소에도 로빈슨처럼 지도를 그리며 노는 모양이었다.

"근데 너 우리 집에 왜 온 거니?"

그제야 정신이 돌아온 두나는 강율이 책상 위에 놓았던 종이를 집어 강율이 얼굴에 대고 흔들었다. 강율이는 인쇄물을 받아 읽어 보더니 시큰둥하게 말했다.

"난 못 가. 내일 오전엔 할머니 침 맞으시는 데 모시고 갔다가 찜질방도 가야 하고, 오후엔 인천 큰아버지 댁으로 심부름도 가야 해."

"찜질방?"

"응. 할머니가 못 가 보셨다고 꼭 한 번 가 보는 게 소원이시래. 거기서 찜질하다 보면 몸살이 다 나을 것 같으시대."

"그렇구나. 근데 인천이라니 거길 너 혼자 가?"

"응. 할머니랑 몇 번 가 봐서 괜찮아."

강율은 별일 아니라는 듯 대답했다. 사실 두나는 인천이 어디 있는지 잘 모르기 때문에 가까운 곳인 줄 알고 더 묻지도 않았다.

"그래도 학생이 어떻게 결석을 그렇게 많이 하니? 학교에서 가는 건 참석해야지."

"우리 할머니는 학교 공부만 중요한 게 아니래."

"하지만……. 그럼 넌 왜 공부해? 학교 공부가 제일 중요하지도 않다면서 왜 열심히 하니?"

두나는 정말로 궁금했던 것을 물었다. 강율이는 도대체 그 하기 싫은 공부를 왜 하는 것일까?

"내 나이에 할 수 있는 게 그것밖에 없어서."

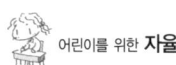

"뭐라고?"

담담하게 말하는 강율이와는 달리 두나는 꽤 놀랐다.

"난 돈도 벌고 싶고 학교 안 가고 늘 할머니를 간호하고 싶어. 그렇지만 내 나이엔 그러면 안 된대. 내가 학교 안 가고 집에서 할머니만 돌보면 할머니가 잡혀간대. 그러니 공부를 잘하는 것밖에 할머니를 기쁘게 할 일이 없더라. 그래서 그냥 공부를 열심히 할 뿐이야."

만약 이런 얘기를 책에서 읽었다면 두나는 피 하고 비웃었을 것이다. 그렇지만 강율이가 그렇게 말하니 왠지 두나의 마음이 찡하니 진실처럼 들렸다.

"내가 열심히 공부하면 기뻐하는 건 할머니뿐이지만 넌 엄마 아빠 두 분이나 기쁘게 해드릴 수 있잖아. 난 네가 부러운걸?"

강율이의 말에 두나는 또 가슴이 찌르르 했다. 두나는 강율이 부모님은 정말 어떻게 된 것인지 묻고 싶었지만 묻는다면 아마 강율이가, 아니면 대답을 듣는 자신이 울어 버릴지도 모른다는 생각이 들었다. 그런 건 함부로 묻기 어려운 질문이었다.

공부 잘하는 강율이가 밉기도 하고 부럽기도 했는데 강율이는 기뻐해 줄 부모님이 있는 자신이 더 부러웠다니 두나의 머리와 가슴이 좀 먹먹해졌다.

"내일 현장 학습은 네가 자세히 보고 와서 나한테 얘기해 줘. 대신 오늘은 내가 맛있는 비빔밥 만들어 줄게."

강율이가 씩씩하게 말했다.

"뭐? 비빔밥? 네가?"

두나는 강율의 부모님에 대해 질문을 할까 말까 망설이다가 강율이가 비빔밥을 만든다는 말에 모든 걸 다 까먹고 말았다. 두나는 여러 가지로 계속 놀라며 강율을 따라 종종종 부엌으로 갔다.

부엌 바닥엔 강율이 장 봐 온 비닐 봉투가 놓여 있었다. 봉투 안에는 두나 엄마가 장 봐 온 것처럼 각종 야채며 반찬거리가 들어 있었다. 저런 것을 혼자 골라 사 오다니 두나는 믿기지가 않았다. 강율이는 익숙한 솜씨로 재료들을 냉장실과 냉동실에 나눠 넣었다.

"할머니께서는 나물 반찬을 좋아하셔. 근데 나는 그런 건 못 만드니까 시장에서 맛있게 만드는 반찬 가게를 알아내서 사 온 거야."

강율은 서너 개의 나물이 담긴 팩을 자랑스럽게 꺼내 보였다.

"그럼 그렇지. 난 또."

"난 계란만 부치면 돼."

계란을 꺼내고 밥통을 열어 보던 강율이는 소리를 질렀다.

"앗차! 밥이 없네. 할머니 시장하실 텐데……. 할 수 없다. 빨리 밥부터 해야겠다."

"너 밥도 할 줄 알아?"

두나는 눈이 또 똥그래졌다.

"그만 놀래. 내가 하는 게 아니라 기계가 하는 건데, 뭐. 나도 첨엔 엄청 어려운 줄 알았는데 생각보다 쉬워. 나는 항상 정해진 양의 쌀을 씻고 정해진 만큼 물을 부으면 돼."

5학년 남자 아이인 강율이가 쌀을 씻는 모습은 엄마랑은 또 다른 느낌이었다.

"쌀은 항상 이만큼만 씻어. 그리고는 이 밥솥에 눈금 그려져 있잖아. 거기 3자까지만 물을 부으면 확실하더라. 삼인분이 된다는 뜻이야. 그래서 난 쌀의 양을 조금이라도 다르게 하면 못 해. 내가 두 공기 먹고 할머니가 한 공기. 헤헤."

강율이는 정말로 재미있는지 쌀을 씻어 전기밥솥에 넣고는 물까지 잘 부어 취사 버튼을 눌렀다.

"우리 할머니는 쌀을 늘 미리 씻어서 불려야 한다고 하셨는데 오늘은 배고프니까 할 수 없다. 얼른 해서 먹어야지."

"넌 어디 가서 굶어 죽을 일은 없겠다."

"맞아. 우리 할머니도 그래서 나한테 가르쳐 주신 거야. 할머니께서 자주 아프시니까 내가 밥 굶지 말라고."

그러고 보니 부엌이 두나네와는 조금 달랐다. 부엌칼도 강율이를 위해 날카롭지 않은 작고 네모난 칼이 준비되어 있었고 불도 가스레인지가 아닌 전기 기구였다.

"금방 되니까 먹고 가."

강율이가 나물 반찬들을 접시에 옮기며 말했다. 그제야 두나는 학교가 끝나고 집에 연락도 하지 않은 채 강율이네 왔다는 것이 생각났다.

"어머! 엄마한테 혼나겠다. 다음에 먹을게. 그리고 난 나물 반찬 싫어해."

그 말에 강율이가 처음으로 하하하 크게 웃었다. 두나는 부엌을 나오며 소파의 할머니에게 인사를 하려 했지만 쿨쿨 주무시고 계셨다. 살금살금 걸어 나오며 두나는 정말 특이한 집이라는 느낌을 지울 수 없었다.

두나는 어른들은 무조건 아이를 위해 일하는 건 줄 알았다. 그런데 그렇지 않은 집도 있었다. 두나는 강율이 같은 아이들을 소년 가장이라고 하는 건지 궁금했다. 강율이가 자신과 같은 5학년

이라는 게 믿어지지 않았다. 지금까지 강율이는 늘 두나를 혼나게 만드는 아이였는데 오늘은 아니었다. 강율이는 두나를 놀라게 만드는 아이였다.

집에 돌아오니 다행히 엄마는 늦었다는 꾸중을 안 하셨다. 스케줄 수첩을 펼쳐 놓고, 학원 전단지를 비교 분석하며 학원에 전화 거느라 바빴기 때문이다.
"네. 초등학교 5학년이요. 그럼 내일 여섯 시쯤 테스트 보러 가면 되는 거죠? 네, 알겠습니다."
"엄마, 또 테스트 봐요?"
"과학 학원 괜찮은 데 구해 놨다. 내일 거기 가서 레벨 테스트 봐야 해."
"학원 그만 다니고 싶다니까요."
"시끄러. 엄마가 시키는 대로 해. 실패는 한 번으로 족해."
두나는 엄마 때문에 정말 울고 싶어졌다.

다음 날도 강율이는 정말로 학교에 오지 않았고 두나는 심드렁

하게 넓은 식물원을 쫓아 다녔다.
 '강율이 할머니는 어떤 생각으로 강율이를 결석시킨 것일까? 학교 공부보다 중요한 것은 무엇이지?'
 이런저런 생각 때문에 처음으로 가 본 남산 식물원의 이모저모는 눈에 들어오지 않았다. 이럴거면 강율이 할머니 말씀이 맞는 것 같아 두나는 머리를 끄덕였다. 도무지 의욕 없이 따라다닌 현장 학습은 그저 힘들고 다리 아픈 하루에 불과했다. 두나는 할머니와 찜질방에 간 강율이가 부러웠다.

 다리를 두들기며 집에 돌아온 두나는 결국 과학 학원에 끌려갔다. 도무지 엄마를 이길 수는 없었기 때문이다. 같은 또래 친구들 몇 명도 학원 교실에 앉아 시험지를 기다리고 있었다.
 시험지를 받아들고 머리가 지끈거리는 두나는 심호흡을 했다. 엄마에게 혼나더라도 어쩔 수 없었다. 학원에 다니지 않는 방법은 이 방법밖에 없었다. 두나는 답안지에 모든 답을 1번이라고 쓰고 엎드려 자 버렸다.

### 두나 엄마의 스케줄 수첩

중간고사 성적 분석하기
➔ 틀린 문제 정리해 주기
두나 학원 알아보기
➔ 논술 학원, 과학 학원
수학 과외 선생님 연락처 순지 엄마에게 알아보기

과학 학원 레벨 테스트 받기

이번 주 월요일 저녁
➔ 영어 학원 설명회 가기(친정 가는 것 취소)

스스로 행동하는 힘_자율

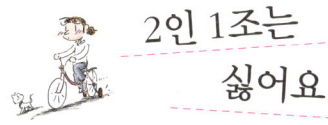
## 2인 1조는 싫어요

숙제도 공부도 스스로 혼자 하게 내버려 두세요.
제발 저를 믿고 지켜봐 주시고 기다려 달라고요.

    과학 학원의 레벨 테스트 결과가 나온 저녁, 두나네 집은 몇 달 만에 가장 시끄러운 밤을 맞았다. 두나가 최하위 반에도 못 들어 갈 성적이 나왔기 때문이다. 엄마는 믿을 수 없다고 난리를 쳤고 아빠는 두나를 차라리 중국으로 유학 보내자고 목소리를 높였다.
    "좁아터진 데서 맨날 학원이나 보내지 말고 넓은 중국 땅에서 호연지기를 길러 주자니까."
    "말이 되는 소리를 해요. 갑자기 중국 유학이라니? 여태 배운 영어는 어쩌고요?"

엄마는 더 큰 소리로 화를 냈다.

"중국에도 국제 학교 있으니까 거기에서 영어로 배우면 돼. 그게 진정한 글로벌 시민이 되는 길이야."

아빠가 웬일인지 물러서지 않고 소리를 높였다.

"아휴. 시끄러워요. 지금부터 일주일간 집중적으로 과학 공부해서 다른 과학 학원 시험 보면 돼."

엄마는 무조건 학원을 보낼 셈인듯 결론을 내렸다.

"그만! 제발 두 분 다 그만 하세요."

두나는 참다못해 소리를 질렀다. 엄마와 아빠는 침을 튀기며 싸우다 갑자기 소리 지르는 두나를 멀뚱히 바라보았다.

"전 과학 학원도 안 가고 중국도 안 갈 거예요. 대신!"

"대신, 뭐?"

"저 좀 내버려 두세요."

"뭐라고?"

엄마 아빠는 기가 막혀 했다.

"제가 성적 떨어진 건 학원 안 다녀서도 아니고 엄마 아빠 탓도 아니에요. 제가 공부를 안 한 탓이에요. 이제부터 저 스스로 해 볼 테니 제발 지켜봐 주세요. 제가 학원 다니면 엄마가 또 오답 노트 다 써 주고 만날 숙제 해 주시고 그러실 거잖아요. 그게

무슨 소용이에요?"

"그건 그래."

아빠가 고개를 끄덕였다

"여봇!"

엄마는 눈동자가 삼각형이 되서 아빠를 노려보았다.

"아래층 강율이는 학원 하나 안 다니고 혼자 공부해도 저보다 훨씬 잘해요. 공부만 하는 게 아니라 청소, 빨래, 요리도 하고 할머니 간호까지 다 해요. 걔를 보니 제가 정말 바보 같다는 생각이 들었어요."

"우리 두나가 많이 컸는걸. 그렇지 여보?"

아빠는 감격해 엄마를 바라봤고 엄마는 여전히 흘긴 눈이었다.

"강율이는 다 혼자 하는 데 저는 늘 엄마와 함께 2인 1조잖아요. 어떨 땐 아빠까지 3인 1조로 뛰는 것 같아요 이건 왠지 반칙 같아요. 저도 당당하게 혼자 해 보고 싶어요."

두나는 그동안 마음 속에 품었던 말을 다 해 버렸다. 그랬더니 정말 속이 후련했다.

"허허, 우리 두나 대단한걸."

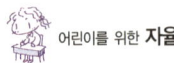 어린이를 위한 **자율**

아빠는 두나의 맘을 알아준 것 같았다.

"여봇!"

하지만 엄마는 찢어지는 소리를 질렀다. 여전히 엄마를 설득시키긴 어려운 문제 같았다. 하지만 두나는 포기하고 싶지 않았다.

"엄마는 늘 언제 유학 갈지 모르니 영어를 열심히 공부하라고 하시지만 이대로는 절대 유학 못 갈 것 같아요. 영어 때문이 아니고 혼자 할 수 있는 게 아무것도 없어서요. 유학은 물론이고 중학교, 고등학교 가서도 이러면 안 되잖아요."

두나가 말을 멈추자 집 안에는 침묵이 흘렀다. 엄마와 아빠는 충격을 받은 표정으로 두나를 바라보았다.

"숙제도 공부도 스스로 혼자 하게 내버려 두세요. 제발 저를 믿고 지켜봐 주시고 기다려 달라고요. 지금부터 기말고사 끝날 때까지만요. 그때도 성적이 안 오르면 그때 엄마 말씀대로 할게요. 대신 성적이 오르면 제가 싫어하는 피아노랑 학원은 다 끊고요, 네?"

"하지만 두나야, 지금 여기서 더 떨어지면 꼴등 할지도 몰라."

두나의 간절한 부탁에도 엄마가 두나를 설득하려는데 갑자기 아빠가 벌떡 일어났다.

"조용! 다른 것은 다 엄마가 옳았을지 몰라. 하지만 이번만은 두나가 옳은 것 같다. 이번에는 아빠가 절대 두나 편이야. 그러니 당신, 제발 두나 좀 내버려 둬."

"여보."

"두나야. 아빠가 책임지고 엄마를 말릴 테니까 어디 너 스스로 한번 해 보거라. 뭐든 혼자 할 줄 아는 사람이 진짜 강한 사람이다."

오늘처럼 아빠가 고마운 적은 없었다. 두나는 아빠의 응원에 힘이 솟았다.

"감사합니다, 아빠. 오늘이 저의 자율 선언 기념일이에요. 무엇이든 제가 도와달라고 하기 전까지는 제가 없다고 생각해 주세요. 유학 간 셈 치세요. 엄마 아빠, 아셨죠?"

기대감으로 미소 짓는 아빠와 달리 엄마는 울상이었다. 그런 부모님을 바라보며 두나도 자신의 어디에서 이런 말을 할 용기가 나왔는지 신기했다. 평소 같으면 생각도 못 했을 주장이었다. 하지만 뭔가 가슴속에서 이렇게 살면 안 되겠다는 꿈틀거림이 생겼다. 그것은 아마도 밥을 하고 공부를 하고 뭐든지 혼자서 열심히 하는 강율의 모습이 눈에 밟혀서였으리라. 강율이에게 지고 싶지 않다, 강율에게 부끄러운 친구가 되고 싶지 않다는 마음이 두나로 하여금 자율 선언을 하게 한 것 같았다. 두나는 자신의 짧은 평생에 오늘이 가장 잊지 못할 날이라고 생각했다.

따르릉, 굿모닝, 삐리리리~.

사방에서 정신 없이 울려 대는 시계 알람 소리에 두나는 뒤척였다. 조금만 더, 조금만 더, 마음속으로 따뜻한 이불 속에 있고 싶은 온갖 유혹이 몰려왔지만, 첫날부터 자율 선언을 실패할 수 없어 억지로 일어났다. 그래도 십 분이 지난 시간이었다. 간신히 방문을 열자 얼른 부엌으로 숨어 버리는 엄마와 아빠 모습이 보였다. 아마도 두나를 깨우려는 엄마와 기다려 보자는 아빠가 실랑이를 한 모양이었다.

"아이구, 우리 딸 혼자서도 잘 일어나는구나."

허허 웃으며 부엌에서 나온 아빠가 두나의 머리를 쓰다듬었다.

"잠 깨게 세수부터 하구요. 밥은 식탁에서 먹을 거예요."

엄마와 아빠는 놀란 듯 서로 눈을 찡긋거렸다. 일요일에 늦은 아침을 먹을 때 말고는 아침을 식탁에서 먹은 것은 정말 만 년 만의 일 같았다. 엄마는 믿기지 않아 하는 표정으로 찌개를 들고 오고 아빠는 입을 다물지 못하고 좋아했다.

"당신도 들구려. 세 식구가 이렇게 먹으니 조찬 회동 같네. 하하하."

사실 두나에게 아침을 누워서가 아니라 앉아서, 그것도 직접 숟가락으로 떠먹는 일은 쉬운 일이 아니었다. 하지만 이 시간에 강율이는 아침밥까지 해서 할머니를 드렸을지 모른다고 생각하자 숟가락에 힘이 들어갔다. 푹푹 뚝딱 밥을 먹고는 옷을 입으려 방으로 가 보니 엄마가 옷을 챙겨 놓은 게 보였다. 두나가 씻는 동안 오늘 입으면 좋을 옷을 침대 위에 꺼내 놓으신 것이다.

"엄마, 내일부턴 옷도 제가 고를게요."

두나는 부엌을 향해 외쳤다. 오늘은 밥 먹는 데 시간이 걸려 옷을 고를 시간이 없었다. 두나는 일단 엄마가 골라 놓은 대로 옷을 입고 양말도 신었다. 마지막으로 가방을 챙겨 들고 흐뭇해서 어쩔 줄 모르는 엄마 아빠에게 인사를 했다.

"다녀오겠습니다!"

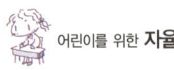
어린이를 위한 **자율**

두나에게 지금까지의 날들과 너무 다른 아침이었다. 정말로 굿모닝이었다. 학교로 가는 길에 가만히 생각해 보니 아침은 오늘보다 조금 일찍 일어나야 좋을 것 같았다. 혼자 해 보니 아침 등교 준비에 생각보다 시간이 많이 걸렸다. 어젯밤 홀로서기에 대한 이런저런 기대감과 흥분으로 늦게 잠든 것도 문제였다. 두나는 일단 오늘밤부터는 좀 더 일찍 잠을 자야겠다고 결심했다.

"오늘 날씨 참 좋지? 자, 1교시는 수학이다. 어서 교과서 꺼내고 수업 준비해라."

담임선생님의 말씀에 가방을 열어 보던 두나는 깜짝 놀랐다. 당연히 가방 속에 있어야 할 수학 교과서가 없었다. 그러고 보니 시간표대로 교과서와 공책을 챙겨서 책가방을 싼 기억이 없었다. 그것은 늘 엄마의 몫이었기 때문이다.

'아차차. 세상에 홀로서기 첫날부터 이런 실수를! 오늘밤엔 가방을 먼저 싸 놓고 일찍 자자!'

두나는 하나씩 깨달을 때마다 잊지 않으려고 작은 수첩에 메모를 시작했다. 그 노트 이름은 '스스로 수첩'이라고 지었다. 하루 종일 두나는 '스스로 수첩'에 홀로서기용 메모를 채워 나갔다.

엄마와 아빠는 두나의 자율 선언이 기특하기도 하고 한편으로

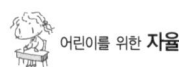

는 섭섭하기도 했지만 어차피 작심삼일일 거라고 생각했다. 엄마는 두나를 지켜보는 게 더 몸살이 나는 듯 보였다. 두나가 엄마에게 어서 빨리 도와달라고 손을 내밀기를 기다리는 것 같았다.

두나도 처음엔 멍하니 앉아 있을 때가 많았다. 스스로 혼자 해 보겠다고는 했는데 뭘 혼자 해야 할지 잘 몰랐기 때문이다. 학교에서 돌아와서도 이제부터 무엇을 해야 할지 몰라 멍하니 소파에 앉아 있었다. 그러다 보면 어디선가 예전에 엄마가 했던 말들이 들리는 듯했다.

'책가방은 어디 뒀니? 옷은 갈아입었니?'

그제야 돌아보면 책가방과 신발주머니가 현관부터 하나씩 아무렇게나 내팽개쳐 있었다. 그것을 집어다 제자리에 놓는데 부엌에서 빼꼼히 내다보는 엄마가 보였다. 한마디 하고 싶어 입이 근질거리는 것 같았다.

두나는 방에 와서는 옷을 갈아입었다. 예전 같으면 휙 벗어 던지면 그뿐이었다. 근데 이제는 벗어서 예쁘게는 아니어도 옷걸이에 걸어 놓았다. 그리고 마지막으로 양말을 벗어서 베란다 빨래통에 갖다 넣었다. 그 모습을 본 엄마가 총알같이 달려왔다.

"어머나, 두나야! 너 지금 뭐 한 거니? 세상에, 고마워라. 우리 딸 대단하다."

"아휴, 참. 금메달 딴 것도 아닌데 대단하다니요. 오버하시기는."

하여튼 그래도 그깟 양말 하나 빨래통에 넣은 걸로 저리도 감격해하시니 까먹지 말자고 두나는 다짐했다.

그리고 엄마의 필살기인 학원 챙기기. 도무지 무슨 요일에 어디를 가야 하는지 아직도 헷갈려서 두나는 처음으로 학원 시간표를 만들어 보기로 했다. 엄마 없이도 학원을 빼먹지 않으려면 그 정도는 알아야겠기에 요일 별로 기억을 더듬어 일주일 학원 시간표를 만들었다. 그런데 결정적으로 정확한 시간을 몰랐다.

'몇 시까지 가야 하지? 이러니 내가 만날 혼났구나.'

두나는 엄마의 도움을 받기로 하고 만들던 것을 갖고 가니 엄마는 또 눈이 휘둥그레졌다.

"어머, 너 정말 엄마 너무 놀래킨다. 호호호. 그래 시간은 엄마가 적어 줄게. 기왕이면 학원 시작 시간뿐 아니라 학교 끝나는 시간도 적으면 좋겠다. 그치?"

엄마는 신이 나서 시간을 자세히 적어 줬다. 학원 시간표를 알록달록 예쁘게 색칠해 방에 붙이고 나니 두나 마음도 너무나 뿌듯했다. 스케줄 표 덕분에 학교 끝나고 학원 때문에 곧장 집으로 와야 할 날과 떡볶이 먹고 놀다 와도 되는 날을 확실히 알게 됐다.

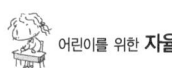 어린이를 위한 자율

오랜만에 놀러 온 지혁 오빠에게 엄마는 두나의 달라진 모습을 자랑하고 싶어 죽겠는 눈치였다. 근데 지혁 오빠는 지난번과 달리 풀이 죽어 있었다.

"이모, 저 당분간 여행이나 다니며 쉬고 싶어요. 무엇을 할지는 나중에 생각할래요. 제발 고시 공부 얘기는 꺼내지 말라고 우리 엄마 좀 설득해 주세요."

"글쎄, 내가 뭐 힘 있니? 난 막내라 큰언니 못 이겨."

*두나의 일주일 학원 시간표*

| 오후 | 월 | 화 | 수 | 목 | 금 | 토 |
|---|---|---|---|---|---|---|
| 12:00 | 학교 수업 | | | 학교 수업 | | |
| 2:00 | | | | | | |
| 3:00 | | | | | | |
| 4:00 | | 수학 학원 | | 수학 학원 | | |
| 5:00 | 영어 학원 | | 영어 학원 | | | |
| 6:00 | | | | | 피아노 학원 | |
| 7:00 | | | | | | |

"그래도요, 이모. 고시 공부는 정말 싫어요."

"그러게 참고 회사를 다니지 그랬어."

"참을 만큼 참았어요."

세상에, 회사를 그만두었다고! 지혁 오빠가 그 좋다는 회사를 그만두다니 큰이모네가 얼마나 시끄러웠을지 두나는 안 봐도 상상이 갔다.

두나는 오빠와 엄마의 얘기에 온 신경을 쓰며 미술 숙제인 환경 포스터를 혼자 그려 보겠다고 낑낑댔다. 그런 두나에게 오빠가 웃으며 다가왔다.

"두나야, 포스터는 그렇게 색칠하면 안 돼. 좀 더 진하게 해야지. 오빠가 해 줄게."

"안 돼요, 오빠. 앞으로 숙제는 절대로 누구 도움도 받지 않기로 했어요."

"와, 정말 두나가 달라졌는걸? 하지만 시간만 낭비되는 숙제도 있어. 그럴 땐 컴퓨터나 어른들의 도움으로 요령껏 해도 돼. 그 시간에 다른 거 공부해야지."

두나는 그렇게 말하는 지혁 오빠가 처음으로 예전만큼 멋있지도, 대단하지도 않게 느껴졌다. 지혁 오빠 역시 엄마가 하라는 대로 시키는대로 하며 자랐다. 단 한 번의 반항 없이 엄마표 스케줄

대로 자란 오빠. 오빠 역시 엄마가 숙제를 대신 해 준 게 수도 없을 터였다. 그런 오빠가 왠지 강율과 비교돼 보였다. 두나는 강율이가 오빠보다 더 훌륭한 사람이 될지 모른다는 예감이 들었다.

두나가 끙끙대며 그려간 환경 포스터는 뜻밖에 선생님께 칭찬을 들었다. 늘 그림이라면 자신 없던 두나였기에 더욱 믿기지가 않았다.

"아이디어가 좋았어, 이두나. 색칠을 얼마나 잘했냐 못했냐는 기술적인 거거든. 기술보단 생각이 중요한 거야. 이제 보니 두나가 아주 생각이 참신한걸."

그렇게 말씀해 주신 선생님의 말씀은 두나를 하루 종일 행복하게 했다.

어·린·이·를·위·한
## 자·율

## 무엇부터 먼저 시작할까요?

"집에서, 학교에서, 세상 속에서 작은 일부터 하나씩하나씩 내 힘으로 실천할래요. 그렇다고 아무렇게나 내키는 대로는 아니고요."

스스로 행동하는 힘_자율

## 체험 학습일에 생긴 일

두나도 놀라서 보니 지하철 노선도 앞에서 열심히 노선을 확인하고 있는 강율이가 보였다.

"내일 토요일은 학교 안 나오고 체험 학습하는 날인 거 알지? 월요일까지 체험 학습 보고서 잊지 말고 써 와라. 주말 잘 지내고. 이상!"

담임선생님 말씀이 끝나자 아이들은 운동장으로 달려 나가며 체험 학습을 어디로 갈까 떠들어 댔다.

"난 미술관 갈 거야."

평소 미술을 좋아해 체험 학습일만 되면 무조건 미술관에 가는 유진이가 말했다.

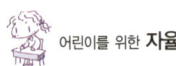

"강율이 넌 어디 가니?"

"글쎄, 할머니 모시고 인천 큰아버지 댁에 갈 것 같아."

"나는 할아버지 댁."

장손이라는 장호가 말했다.

"난 엄마랑 자율문고 갈 거야. 두나 넌 어디 갈 거니?"

순지가 물었다.

"글쎄, 아직 결정 못 했어."

"그럼 나랑 같이 자율문고 가자."

순지가 두나를 잡아 흔들며 말했다. 두나는 순간 섬광처럼 아이디어가 떠올랐다.

"순지 너 지하철 혼자 타 봤어?"

"그럼 당연하지."

"그럼 내일 자율문고에는 엄마들은 빼고 우리 둘만 가겠다고 말씀 드려 보자."

두나가 눈을 반짝이며 말했다.

"우리 둘만?"

순지의 눈이 똥그레졌다.

"와, 너희들 용감한걸? 근데 엄마들이 그걸 허락하겠니?"

어느새 뒤쫓아 온 상윤이가 끼어들었다.

"맞아, 엄마들이 절대 허락 안 할 거야."

세현이까지 거들었다.

"아냐, 우리 둘이 가서 책 사 올 거야. 그게 진정한 체험 학습 아니겠니?"

"와, 이두나 아주 세졌는걸? 좋아, 그럼 내 책도 하나 사다 줄래? 《해리 포터》말이야. 월요일 날 그 책 꼭 갖고 학교 와라."

상윤이는 싱글거리며 두나에게 만 원짜리 한 장을 주었다.

두나와 순지는 엄마들을 잘 설득해 내일 열 시에 학교 근처 지하철역에서 만나기로 하고 헤어졌다.

집에 와 엄마에게 그 얘길 하자 예상대로 엄마는 절대 안 된다는 것이었다. 위험해서 안 되고, 복잡해서 안 되고, 해 본 적 없어서 안 되고! 안 되는 것 투성이였다.

"왜 안 돼요? 지하철을 갈아타지도 않고 한번에 가는데요. 지하철에서 내리면 바로 자율문고래요"

"그래도 안 돼. 요즘이 얼마나 무서운 세상인데? 엄마랑 같이 가."

"언제까지 엄마랑 같이 다녀요? 예전에 제 나이 때는 시집도 갔다면서요?"

"그거야 옛날 얘기지."

"순지는 혼자 지하철 많이 타봤대요. 엄마랑 다니는 아이는 저밖에 없어요. 그리고 우리 반에 유진이란 아이는 딴 동네로 이사 가서 매일 혼자 지하철 타고 학교 다녀요."

"그래? 유진이가? 기특하구나."

그제야 엄마는 조금 누그러지는 듯했다. 같은 나이라도 혼자서 지하철을 타고 등하교를 하는 아이도 있었다. 두나도 그 사실을 처음 알았을 때는 깜짝 놀랐다. 유진이에게 좀 더 친절하게 대하기 시작한 것도 아마도 그 사실을 알고 나서부터였던 것 같다.

"그리고 강율이는 할머니 심부름으로 지하철 타고 인천까지도 갔다 왔구요."

"뭐, 인천? 그 먼 곳을? 두 시간은 걸릴 텐데?"

"인천이 그렇게 멀어요?"

두나는 사실 인천이 그렇게 멀다는 것에 더 놀랐다.

"그럼. 그 먼 곳에 애 혼자 보내다니 그 할머니 너무하신 거 아니니? 그건 아동 학대야."

엄마의 얼굴빛이 확 바뀌었다.

"아이 뜻대로 아무것도 못 하게 하고 엄마 맘대로만 하게 하는 건 아동 학대 아니에요?"

엄마의 얼굴빛이 확 바뀌었다.

"뭐?"

아차, 두나는 흥분을 가라앉히려고 애써 노력했다. 엄마는 자기에게 최선을 다해 왔다. 시험을 못 보면 대신 울어 줄 만큼 자기 일에 신경을 써 준 엄마에게 아동 학대라고 말한 건 자기가 생각해도 너무 못된 것 같다.

"그 말은 취소예요. 하지만 걱정 마시라고요. 서점 구경하고

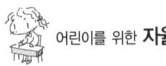

책만 사 가지고 빨리 올게요. 엄마는 저 따라 오지 마시고 친구분들 만나세요."

두나는 엄마의 팔을 잡아 흔들며 간절히 말했다.

"얘가 또 왜 이래? 하여튼 너희끼리 서점 가는 일은 일단 생각 좀 해 보자. 아빠하고 의논도 해야 하고."

그때부터 엄마는 순지 엄마와 아이들끼리 서점을 보낼 것인가 말 것인가를 두고 한 시간 이상 통화하고, 아빠와도 여러 번 통화를 하는 눈치였다. 사실 두나도 내심 걱정이 되기는 했다. 하지만 이번 체험 학습은 엄마 말고 친구끼리만 가 보고 싶었다. 그 다음엔 정말로 혼자 어딘가를 가 보고 말이다.

저녁에 들어오신 아빠는 왠지 좋아하는 눈치였다.

"우리 두나가 혼자 집을 나가 보겠다고?"

"아이 참, 아빠도. 집을 나가는 게 아니고 책 사러 서점에 다녀오겠다고요."

"하하하, 두나가 정말 하루가 다르게 크는구나. 그래, 어디 한번 맘대로 다녀와 봐라."

"여보! 그런 위험한 일을 허락하면 어떻게 해."

엄마는 과일 접시를 들고 오다 펄쩍 뛰며 말했다.

"당신도 좀 대범해져 봐. 애를 너무 끼고 키우면 바보 돼. 두나야, 아빠는 찬성이다! 네가 서울이 얼마나 안전한가도 증명해 보여라. 자, 기분이다."

아빠는 지갑에서 만 원짜리를 다섯 장이나 꺼내고 계셨다.

"여보, 애한테 그렇게 많이 주면 어떻게 해? 돈 냄새 맡고 누가 쫓아오면 어쩌라고."

"그런가?"

아빠가 갈등하는 사이 엄마는 다섯 장 중 두 장만 두나에게 주고 홀랑 다 가져갔다.

"두나야! 책도 사고 배 고프지 않게 다녀라."

"예. 아빠 정말 고마워요."

다음 날 아침, 엄마는 그래도 걱정이 돼 선글라스와 스카프를 두르고 두나의 뒤를 쫓아가겠다고 했고, 아빠는 차라리 둘이서 오랜만에 영화나 보자며 설득하고 있었다.

"다녀오겠습니다!"

두나는 다른 때보다 훨씬 우렁찬 목소리로 인사를 하고 힘차게 걸어 나왔다.

지하철역에 도착하니 순지가 가방에 뭔가 잔뜩 넣고 기다리고

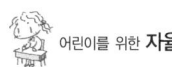
어린이를 위한 자율

있었다. 나눠 먹을 음료수와 간식이었다. 두나는 가방이 무거워서 모두 다 빼놓고 왔기에 순지에게 조금 미안한 마음이 들었다.

"둘이 먹기 충분해, 어서 가자."

순지는 두나에게 팔짱을 끼며 씩씩하게 걸어갔다. 두나 엄마는 운전하는 것을 좋아해서 두나가 지하철을 탈 일이 거의 없었다. 버스를 타 본 적도 기억이 가물가물하다. 그래서인지 두나는 지하철 표를 사고 개찰구에 표를 넣고 하는 모든 일들이 재미났다. 초등학생 지하철 기본 요금이 얼마라는 것도 처음 알았다. 방향을 확인하며 지하철 타는 곳으로 가 보니 신기한 자판기들도 세워져 있었다.

"와! 신기하다. 이런 거 처음 봐. 과자들이 잔뜩 들어 있네."

"너 정말 처음 봐? 난 자판기보다 네가 더 신기하다."

순지가 웃으며 말했다.

"그래. 나 정말 지하철 처음이야. 과자 자판기는 다른 데선 못 봤는데 지하철에만 있는 거야? 난 늘 자가용으로만 다녔거든. 그래서 고속버스도, 기차도 타 본 기억이 없어."

"두나, 너도 참 불쌍하다."

"그래, 불쌍한 아이다. 그러니까 이 과자 하나 사서 먹어 보자."

"내 가방에 과자 잔뜩인걸, 뭐. 그보다 노선표나 보러 가자. 몇 정거장이나 가나 보게."

알뜰한 순지는 두나 손을 잡아 끌고 신문 가판대를 지나 지하철 노선도 쪽으로 걸어갔다.

"어머나, 저게 누구야? 야, 너 여기서 뭐 하니?"

순지가 소리쳤다. 두나도 놀라서 보니 지하철 노선도 앞에서 열심히 노선을 확인하고 있는 강율이가 보였다.

"우린 자율문고로 체험 학습하러 가는 길인데 넌 할머니랑 인천 간다고 했잖아?"

"그랬는데 할머니께서 감기 기운이 있으시대. 그래서 그냥 나 혼자 청계천 구경 가는 길이야."

"청계천?"

"응, 지난번에 할머니랑 가 봤는데 또 가 보고 싶어서. 우리 시골 냇가도 생각나고 좋더라고."

"나도 청계천 못 가 봤는데. 두나야, 우리 책 사러 가지 말고 거기 갈래?"

"안 돼, 상윤이가 사 오라는 책도 있잖아."

두나가 망설이며 대답했다. 사실 청계천이란 말에 흔들리는 건 순지뿐이 아니었다.

"그럼 나도 책 볼 것도 있으니까 일단 같이 자율문고에 갔다가

청계천에는 나중에 나 혼자 가야겠다."

"그러지 말고 서점에 갔다가 다 같이 청계천 가자. 진짜 재밌겠다. 두나야, 그치?"

순지가 정리해 주었다. 사실 두나가 바라던 바였다.

지하철 안에서 강율이는 가방에서 지도를 꺼내 보여 줬다. 청계천과 시내 주변이 모두 나온 지도였다. 역시 지도를 좋아하는 강율이다웠다. 강율이 지도를 보며 고민했다.

"난 집에서 청계천 가는 것만 생각했는데, 이제 자율문고 들려서 가야 하니까 계획을 잘 짜야겠다."

"어머, 이 지도에 맛있는 집도 많이 나와 있네. 우리 이런 곳도 한번 가 보자"

순지가 말했다.

"글쎄…… 잘 찾을 수 있을까? 서점에서 청계천은 머니?"

두나가 걱정이 돼 물었다.

"지상으로 올라가 찾으면 금방 보일 거야. 청계천은 기니까 조금만 구경하다 집에 오자."

"아냐. 온 김에 처음부터 끝까지 다 걸어 보자. 와, 재밌겠다!"

순지는 박수까지 쳤다.

"생각보다 많이 걸어야 할 텐데 너희들 안 힘들겠어?"

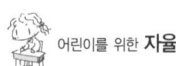

"괜찮아. 다이어트하는 셈 치지, 뭐."

걱정하며 묻는 강율이 말에 두나와 순지는 동시에 합창하듯이 말하고 까르르 웃었다. 둘이라서 약간 걱정됐던 것도 강율이랑 셋이 되니 하나도 무섭지 않았다. 어떤 무서운 유괴범이 나타난다 해도 지구의 용사들처럼 다 싸워 이길 것 같은 기분이었다.

친구들과 함께 간 자율문고는 두나에게 너무나 다른 느낌을 주었다. 엄마와 함께 가면 이것저것 구경도 제대로 못 하고 동화책, 영어책, 참고서 코너만 다니는데 친구들과는 서점을 놀이터처럼

휘젓고 다닐 수 있었다. 어른들 책도 구경하고 평소 두나가 관심 많았던 요리책도 실컷 볼 수 있었다.

두나는 서점이 이렇게 기분 좋은 공간일 수 있다는 게 신기했다. 그런 것을 보면 두나는 책을 싫어하는 게 아니라 엄마가 사 온 책을 싫어한 것인가 보다. 좀 더 서점에 있고 싶었지만 다음 스케줄을 위해 얼른 상윤이가 부탁한 《해리 포터》 책과 두나가 읽고 싶었던 동화책을 먼저 골랐다. 그리고 두나는 엄마가 사 오는 어려운 수학 문제집 말고 자기가 풀 만한 쉬운 문제집을 한 권 샀다.

두나는 엄마가 자신을 너무 과대평가하는 게 늘 불만이었다. 엄마는 잘되라고 그러시는 것이겠지만, 엄마가 사 오는 어려운 문제집들을 보면 문제를 풀기도 전에 기가 죽었다. 두나는 처음으로 자신이 고른 문제집과 책을 가슴에 안고 뿌듯한 마음으로 서점을 나왔다.

서점에서 나와 셋이 조금 걸어가다 보니 청계천이 나타났다.
"와! TV에서 보는 거랑 딴판이다."
물을 향해 밑으로 내려가며 두나는 저절로 탄성이 터져 나왔다. 청계천 변엔 토요일이라 가족끼리 나온 사람들도 많았다. 멋

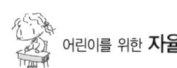
어린이를 위한 자율

진 옷차림의 아가씨, 아저씨들도 많았다.

'저 사람들이 지겨운 학교 공부를 모두 끝내고 자기 하고 싶은 일로 돈을 벌며 사는 직장인들일까?'

두나는 멋진 어른들의 세계를 엿본 것 같았다. 어떤 아가씨는 외국인과 유창하게 영어로 이야기를 나누고 있었다. 여유 있게 영어로 이야기를 하며 머리를 쓸어 넘기는 그 아가씨가 두나 눈엔 영화의 주인공처럼 멋져 보였다. 능력 있고 멋진 어른들의 세계. 두나는 빌딩 숲 사이 냇가에서 꿈을 꾸는 것 같았다.

두나에겐 보이는 모든 것이 신기했다. 여러 번의 체험 학습을 해 봤지만 매번 엄마가 미리 체험 장소랑 주제를 정하고 예약해 놓으면 두나는 따라가는 식이었다. 지나고 나면 기억도 거의 나지 않았다. 그런 날에 비하면 오늘 보고 느낀 것은 절대 잊을 수 없을 것 같았다.

두나는 분수도 보고 돌다리도 건너며 뛰어다니다가 순지가 싸 온 간식을 나눠 먹었다. 용돈 모은 것을 책값으로 거의 다 써 돈을 아끼기로 했다. 일단은 순지가 싸 온 간식으로 셋이 버텨 보기로 했다.

스스로 행동하는 힘_자율

## 만약 사고라면?

애들이 광화문역에서 시위대와 진압대 사이에 끼였다면요? 그래서 사고가 났다면요?

　아이들이 즐겁게 청계천에서 놀고 있던 시간, 집에서는 깜빡 낮잠을 자다 깨어난 엄마가 두나의 휴대폰으로 전화를 하고 있었다. 휴대폰에선 신호 연결음만 들릴 뿐 받지를 않았다. 그런데 두나의 전화벨 소리가 어디선가 들려왔다. 소리 나는 곳으로 따라가 보니 두나 방 책상 위에서 휴대폰이 울리고 있었다.

　"아휴, 이 덜렁이. 전화기를 또 놓고 나갔네. 오늘 같은 날 놓고 가면 어째?"

　두나 엄마는 걱정되서 순지네 집에 전화를 해 봤지만 어디에

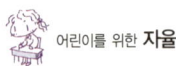

가서 수다를 떠는지 순지 엄마는 전화를 받지 않았다.

'아이들이 점심은 사 먹은 건가? 집에 오고도 남을 시간인데 어디쯤 오고 있을까?'

이런저런 생각을 하던 두나 엄마는 내키진 않지만 강율이 집에 가 보기로 했다.

"강율이 할머니, 안녕하세요? 강율이는 서점 같이 안 갔나 하고요. 두나가 연락이 안 돼서요."

"서점유? 글씨 우리 강율이는 거기 안 갔는디유. 가차운 덴디 뭐 지달리면 오겄지유."

할머니는 강율이보다는 텔레비전에서 하는 드라마가 어찌 될지 더 걱정인지 자꾸 거실 쪽을 돌아보셨다.

"강율이는 체험 학습 어디로 갔는데요?"

"청계천 귀경 간다고 갔시유."

"청계천요? 혼자요?"

두나 엄마는 놀라서 할머니를 봤다.

"강율이는 길눈이 밝아서 괜찮아유."

"말씀 놓으시라니까요."

"이게 편해유, 여까지 왔으니 들어오셔유."

현관문을 활짝 열고 할머니는 안으로 들어갔다. 두나 엄마는 갈등하다 집에 가도 할 일이 없는 터라 할머니를 따라 들어갔다. 함께 TV 드라마를 보며 할머니가 타 준 인삼차를 마셨다. 두나 엄마는 단출한 강율네 살림을 돌아보며 강율이 부모님은 어떻게 된 것일까 궁금했다. 그래도 그런 걸 물을 만큼 친해진 것 같지 않아 망설이는데 방송되던 드라마가 끝났다. 뉴스가 시작되는 틈을 타서 두나 엄마는 집에 가려고 일어섰다.

"에그머니. 왜 또 저런댜, 저 사람들?"

뉴스를 보던 할머니가 걱정스럽게 말했다. 광화문역 근처에서 시위가 많아 교통이 통제되고 있다는 소식이었다. 화면을 보던 두나 엄마의 얼굴이 하얗게 질렸다.

"어머나 세상에, 할머니 혹시 애들이 저기 휩쓸린 것 아닐까요?"

"에? 설마유, 그리고 왜 애들이 같이 있겠어유?"

"애들끼리 미리 약속해서 만났을 수도 있죠. 애들이 광화문역에서 시위대와 진압대 사이에 끼였다면요? 그래서 사고가 났다면요?"

두나 엄마의 상상력은 급속도로 나쁜 쪽으로만 흘러갔다.

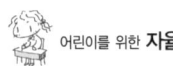

"에이, 그런 일은 없을 거구만유. 그리구 그게 사실이라면 워쨌거나 방송국이든 경찰서든 갈쳐 줄라고 전화를 했겄쥬. 집에 올 때까지 쪼매 더 기다려 보자구유."

할머니는 두나 엄마를 안심시키려 애썼다.

"어떻게 기다려요? 예감이 안 좋아요. 지금 당장 제가 가 봐야겠어요."

"워디로유? 그러다 질 어긋나면 더 골치 아퍼유. 진정하고 똑떼기 생각 좀 해 보자구유."

"진정이라뇨? 제가 지금 진정하게 됐어요? 이게 다 강율이 때문인데요!"

"아니, 그게 뭔 소리래유? 갑자기 강율이 때문이라니유?"

"강율이가 다 스스로 한다고 두나가 자기도 혼자 해 보겠다고 자율 선언을 하는 바람에 이런 일이 생긴 거라고요."

"거참 들어도 뭔 소린 줄 모르겠네유."

할머니는 정말로 두나 엄마가 왜 갑자기 강율이를 들먹이고 강율이 탓을 하는지 알 수가 없었다.

"할머니 애들은 애답게 키워야죠. 혼자 하는 것도 정도가 있고요. 어떻게 애를 혼자 인천까지 보내고 그러세요? 너무하신 것 아니에요?"

"지두 다 생각이 있어서 그래유, 지 자식들도 다 그렇게 키웠구만유. 남의 집 일에 너무 걱정 마셔유."

"다 강율이가 이사 와서 우리 애가 이렇게 변한 건데 너무 태평하게 말씀하시는 것 아니에요?"

"태평이라니, 하나밖에 없는 손자 일인데 왜 태평허겄시유? 우리 강율이는 지한테 몽창 다 말하는 애유. 오늘 아침까정 서점 간단 말 한 마디도 없었유. 만약 애들이 같이 있다면 다 두나 탓인께 뭔 일 생기면 지가 더 화낼 일이구만유."

"우리 두나 탓이라뇨? 강율이 아니었으면 첨부터 엄마 없이 혼자 서점 같은 데 간다고 할 애가 아니라니까요. 제발 강율이 단속

좀 잘해 주세요."

두나 엄마는 쌩 일어나 화를 내고는 나가 버렸다.

"허! 참 저 버릇없는 거 하고는. 그나저나 설마 우리 강율이가? 그건 아니겠지. 별일 없이 돌아왔으면 좋겠구만."

할머니는 정말로 걱정이 돼 텔레비전 앞으로 더 가까이 다가 앉았다. 아프다는 핑계로 뭐든지 강율에게 시키려 드는 할머니였지만 사실 강율이만 보면 뼛속까지 저려 오곤 했다.

엄마 아빠 없이 키우며 혹시라도 잘못되면 어쩌나, 혹시라도 자신이 아파서 쓰러지면 어쩌나 할머니는 한시도 마음을 놓을 수 없었다. 언제나 강율이만 생각하면 애끓는 마음이었다. 그런데 오늘 두나 엄마로부터 모든 게 강율이 때문이라는 비난을 들으니 할머니는 가슴이 무너져 내렸다.

'늙은이라 애를 잘못 가르쳤단 말여? 5학년짜리헌티 과한 일을 시켰다구? 혹시라도 이 늙은이한테 뭔 일 생길까 싶어 인천에 댕기는 훈련을 시킨 것도, 밥을 시킨 것도 무리한 일이었다구? 그럼 여적 강율이 그 어린 것이 할미 생각해서 힘들다 소리 한마디 못 하구 꾹꾹 참았단 말이여?'

할머니는 빨리 강율에게 그 모든 것을 물어보고 싶었다. 강율이를 안고 다독이며 미안한 마음을 전하고 싶었다. 하지만 강율이는 어디에 있는지 연락도 닿지 않아 할머니의 애를 태우고 있었다. 할머니는 처음으로 강율 혼자 보낸 것이 후회돼 비척비척 마루로 쓰러져 버렸다.

집에 돌아온 두나 엄마는 혹시 두나가 잘못되기라도 했을까 봐 가슴이 덜덜 떨렸다. 우선 두나 아빠에게 두나와 연락이 안 된다고 전화를 했다. 방송국과 경찰서에도 연락해 부상자가 있는지 알아봐 달라고 했다.

하지만 그곳도 정신이 없어서 담당자와 통화하는 데도 몇 번이나 이 사람 저 사람 바꿔 주었다. 겨우 통화가 연결된 담당자도 당장은 알 수 없다며 TV 뉴스를 보라는 말뿐이었다.

두나 아빠는 회사 일을 팽개치고 집으로 달려와 괜한 걱정 말라고 두나가 왜 잘못됐겠냐고 엄마를 달랬다. 하지만 엄마는 연락 두절 상태인 두나 때문에 계속 안 좋은 쪽으로만 자꾸 상상이 되었다.

'만약 두나가 잘못되기라도 했다면? 애가 얼마나 놀라고 무서울까?'

결국 엄마는 두나야! 두나야! 이름을 불러 대며 엉엉 울음을 터뜨리고야 말았다.

할머니와 두나 엄마의 걱정과 달리 두나와 아이들은 온갖 수다를 떨며 청계천 변을 걷다 동대문 상가 쪽에 도착해 있었다.

"애들아, 근데 우리 생각보다 시간이 더 걸릴 것 같은데 집에 전화해야 하는 거 아냐?"

강율이가 말했다.

"넌 정말 모범생이구나? 전화하면 빨리 오라는 소리나 듣지. 뭐 하러 전화하니?"

순지가 손을 저으며 말했다.

"그래도 할머니께서 걱정하실 텐데. 두나야, 너 휴대폰 안 가져왔어?"

강율의 질문에 그제야 휴대폰 생각이 난 두나는 주머니와 가방을 뒤져 보고는 고개를 저었다. 두나는 집에 놓고 오고, 강율이와 순지는 원래 휴대폰이 없었다.

"연락을 해야 맘이 놓이는데……."

혼잣말을 하는 강율 때문에 두나도 조금 신경이 쓰이긴 했지만 그래도 오늘만은 엄마 아빠가 이해해 줄 거라 믿고 싶었다.

"애들아, 저기 보이는 게 동대문 시장 아니니?"

순지가 청계천 변 위를 가리키며 소리 질렀다.

"동대문 시장?"

"저기가 옷 많다는 데 아니니? 우리 옷 구경 가 보자."

아이들은 집 걱정하던 게 언제냐 싶게 누가 먼저랄 것도 없이 청계천 변을 올라와 동대문 상가 쪽으로 달려갔다. 상가 앞 도로들은 활기에 넘쳤고 어떤 건물 앞에서 시끌벅적한 음악이 들려오고 공연을 펼치는 곳도 있었다.

환호성이 들려 다가가 보니 젊은 오빠 언니들이 브레이크 댄스를 추고 있었다. 이렇게 가까이에서 춤을 구경하기는 처음이라서 두나와 아이들은 넋이 나갈 정도였다.

노래하고 춤추는 것을 좋아하는 순지는 브레이크 댄스를 따라 하면서 흥겨워했다. 조용한 성격인 강율이도 모처럼 큰 소리로 웃으며 박수를 쳤고, 두나는 환호성을 지르느라 얼굴이 발그레 상기되었다. 아이들은 그렇게 뜻하지 않게 에너지를 발산하며 신나게 거리의 분위기에 휩쓸려 다녔다.

상가 건물들이 많아 어디로 가야 할지 몰랐지만 아이들은 탐험가의 심정으로 건물 속에 하나씩 들어가 보기로 했다. 상가 건물 속에는 조그만 의류 가게들이 가득 들어차 있었다. 평소 옷에 관심이 많은 두나였지만 이렇게 많은 옷들은 태어나서 처음 보았다. 강율이는 할머니 옷을 사고, 순지와 두나는 자신들의 옷을 사

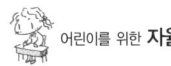
어린이를 위한 자율

무엇부터 먼저 시작할까요? 123

기로 했다. 그 두 가지 옷을 한곳에서 팔지 않는다는 것도 알았다. 그러고 보니 엄마 따라 간 백화점도 층별로 파는 옷이 달랐다. 동대문 옷 상가는 층별로 옷 종류가 다른 곳도 있고, 건물 별로 다른 곳도 있었다. 강율이는 할머니가 집에서 편하게 입으실 치마를 살거라고 했다.

"이것도 할머니가 너한테 심부름시킨거니?"

"아니야. 며칠 후면 할머니 생신이라 생신 선물 할까 하고 그러는 거야."

"와, 대단하다. 옷을 선물할 생각을 하다니."

"별거 아니야, 이두나. 너도 엄마나 아빠 생신이라고 생각하고 두 분에게 뭐가 제일 필요할까 잘 생각해 봐. 그럼 뭔가 떠오를 거야. 그걸 사면 돼."

"근데 두나야, 너 니네 엄마 아빠 생신은 아니? 난 모르는데."

순지가 말했다. 그러고 보니 두나도 마찬가지였다. 두나가 먼저 부모님 생신을 기억하고 선물을 한 적이 없었다. 늘 엄마가 달력에 커다랗게 동그라미를 그려 놓고 며칠 전부터 광고를 하면 그제야 부랴부랴 카드를 쓰고 용돈 받아 선물을 사드린 적이 대부분이었다. 더구나 할머니 생신이라니.

강율이는 할머니와 함께 사니까 그런 거지, 하고 위안을 삼았

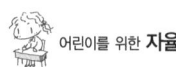

지만, 왠지 두나는 친가와 외가 할머니 할아버지께 죄송한 마음이 들었다. 강율이는 할머니가 밝은 색을 좋아하신다며 쉽게 할머니 옷을 골랐다.

"어머나, 니네들 정말 착한 아이들이구나. 할머니 생신 선물을 사러 오다니. 기분이다! 아줌마가 다른 사람들한텐 절대로 안 깎아 주는데 너희들한텐 깎아 준다."

마음씨 좋게 생긴 옷가게 아줌마는 강율이가 낸 돈에서 천 원짜리 두 장을 꺼내 강율에게 돌려주며 말씀하셨다.

"가다가 아이스크림 사 먹어라. 너네 맘이 예뻐서 주는 선물이야."

"네. 감사합니다."

"다음에도 또 할머니 선물 사러 오너라."

다음에는 내가 우리 할머니 옷을 사러 와야지! 두나는 정말로 다짐했다.


다리가 아파서 더는 걷지 못할 즈음에 아이들 옷을 파는 집을 발견했다. 순지는 카고바지를 사고 싶다며 얼른 옷을 골랐다. 그런데 두나는 막상 옷을 사자니 덜컥 겁이 났다. 뭐 하러 이런 옷을 샀냐고 엄마한테 혼나면 어떡하지? 엄마 맘에 안 들면 어떡하지? 등등 걱정이 밀려왔다. 수많은 옷들 앞에서 평소 자신이 입고 싶었던 옷이 무엇인지 생각나지 않았다.

"두나야, 뭐 해?"

"뭘 살까 고민 중이야."

"넌 날씬해서 치마도 바지도 다 잘 어울리니까 아무거나 사도 되겠다."

옷이라는 걸 사 본 적 없는 두나였기에 가슴만 두근거렸다.

"네가 좋아하는 색으로 골라 봐."

강율이가 말했다. 두나는 흰색을 좋아하는데 두나 엄마는 때 탄다고 늘 진한 색 옷을 주로 사 왔다. 두나는 오늘은 자신이 좋아하는 흰색 티셔츠를 하나 사 봐야겠다고 결심했다.

"이 흰색 티셔츠 얼만가요?"

두나가 맘 먹고 옷을 골라 옷가게 언니에게 물어보았다.

"그거 만 원인데 너희들한테는 칠천 원에 줄게."

예쁘게 생긴 매장 언니가 말했다.

두나는 칠천 원이면 알맞게 사는 것인지, 그 옷이 칠천 원이면 싼 것인지 비싼 것인지 전혀 감이 오지 않았다.

"칠천 원이면 싼 거니?"

두나가 순지에게 속삭였다.

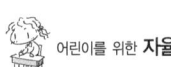

"모르겠어. 내가 사려는 바지는 이만 원이래."

"이만 원?"

두나는 이백만 원이라는 소리를 들은 듯 놀라 물었다.

"괜히 비싸게 샀다고 엄마한테 혼나는 거 아니니?"

두나는 참았던 얘길 순지에게 했다.

"어머, 얘들 좀 봐. 이거 하나도 비싼 거 아니거든. 딴 집 가서 물어봐, 그럼. 우리 집이 젤 싼 집이야."

주인 언니가 목소리를 높여 대답했다.

"정말이에요? 언니?"

"정말이지 그럼. 못 믿겠으면 딴 집 가 보라니까."

"그럼 딴 집도 구경하고 올게요."

순지의 말을 듣고 보니 두나 기억에도 엄마는 늘 이집 저집 다니며 옷을 비교해 보다 사신 것 같았다. 두나와 아이들은 옆의 가게들을 돌아다니며 옷을 다시 비교해 보기 시작했다.

그러고 보니 다른 집들에도 예쁜 옷들은 많았다. 특이한 디자인, 난생 처음 보는 색깔의 옷도 있었다. 아주 싼 옷도 있고 많이 비싼 옷도 있었다. 두나는 아까 강율이 할머니 옷을 고를 땐 뭐가 뭔지 몰랐는데 아이들 옷을 고르려니 더 재미있었다.

'이 청바지는 내 스타일이네. 이 치마는 은주가 좋아하겠다.'

두나는 옷 하나하나에서 장호, 상윤이 같은 친구들 얼굴을 떠올렸다. 여러 옷을 보다 보니 두나도 자신이 원하는 스타일을 확신할 수 있었다. 순지는 레이스가 많은 옷을 좋아했고, 자신은 생각보다 단순한 스타일을 자꾸 골랐다.

그렇게 비교하며 구경하다 보니 제일 처음 그 예쁜 언니네 집에서 본 옷이 가장 마음에 들었다. 가격도 괜찮은 것 같았다. 그런 것을 알아낸 게 두나로서는 무척 신기한 경험이었다. 아이들은 결국 그 예쁜 언니네 집으로 다시 갔다.

"으이그, 고것 봐라. 우리 집이 제일 싸지?"

"아뇨, 예쁜 옷이 제일 많아요."

두나가 대답했다.

"호호호. 너네가 뭘 좀 아는구나. 기분이다! 천 원씩 더 깎아 줄게."

오늘은 가는 데마다 칭찬을 듣고 옷값도 깎아 주었다. 아주 기분 좋은 날이었다. 집으로 가려고 다시 지하철역을 찾아가는데 순지가 갑자기 소리 질렀다.

"야, 저 버스 우리 동네에서 본 것 같지 않니?"

"맞다! 우리 동네 간다."

"그럼 버스 타고 가자. 나 학원 버스 말고 저런 버스 타 본 지

 어린이를 위한 **자율**

도 오래 됐어."

두나가 말했다. 아이들은 우르르 달려가 버스로 올라탔다. 버스를 타니 지하철보다는 좀 멀리 돌았지만 시내 구경을 할 수 있어서 좋았다.

그 시각까지 두나네 집에서는 두나 엄마가 전화기만 뚫어지게 바라보고 있었다. 텔레비전에선 더 이상 시위와 관련된 뉴스도 나오지 않았다. 시위대는 해산되었고 부상자도 없었다. 아이들이 시위 현장에 휩쓸리지 않은 것은 분명했다. 거리와 차들도 모두 제자리를 찾았다. 제자리로 돌아오지 않은 것은 아이들뿐이었다.

두나 아빠와 순지 아빠는 혹시나 싶어 자율문고로 달려가 안내방송까지 하며 아이들을 찾았지만 찾을 수 없었다. 청계천 변도 돌아다녀 봤지만 아이들은 없었다. 두나 엄마는 두나와 두나를 찾아다니는 아빠의 전화를 기다리느라 밥도 거른 채 몇 시간째 전화기 앞을 지키며 앉아 있었다.

버스가 시내를 빠져나와 동네로 들어서자 순지가 물었다.
"너네 배고프지 않니?"

"배고파 죽겠어. 점심도 제대로 안 먹었잖아."

두나가 배를 잡고 대답했다.

"그럼 우리 도착하면 할머니네 떡볶이집에서 뭐 먹고 가자."

"좋아, 그러자."

아이들은 생각만으로도 신이 났다. 버스가 학교 앞에 서자 아이들은 약속대로 버스에서 내려 할머니네 떡볶이집으로 달려갔다. 군만두, 못난이만두, 계란을 넣은 떡볶이에 순대, 라면, 김밥까지 남은 돈을 다 털어 왕창 시켰다.

배고픈 세 아이들은 서로 맛있는 걸 먹겠다고 아우성치며 깔깔대며 먹어 댔다. 집에서 가족들이 얼마나 걱정하고 있을지는 상상도 못한 채 말이다.

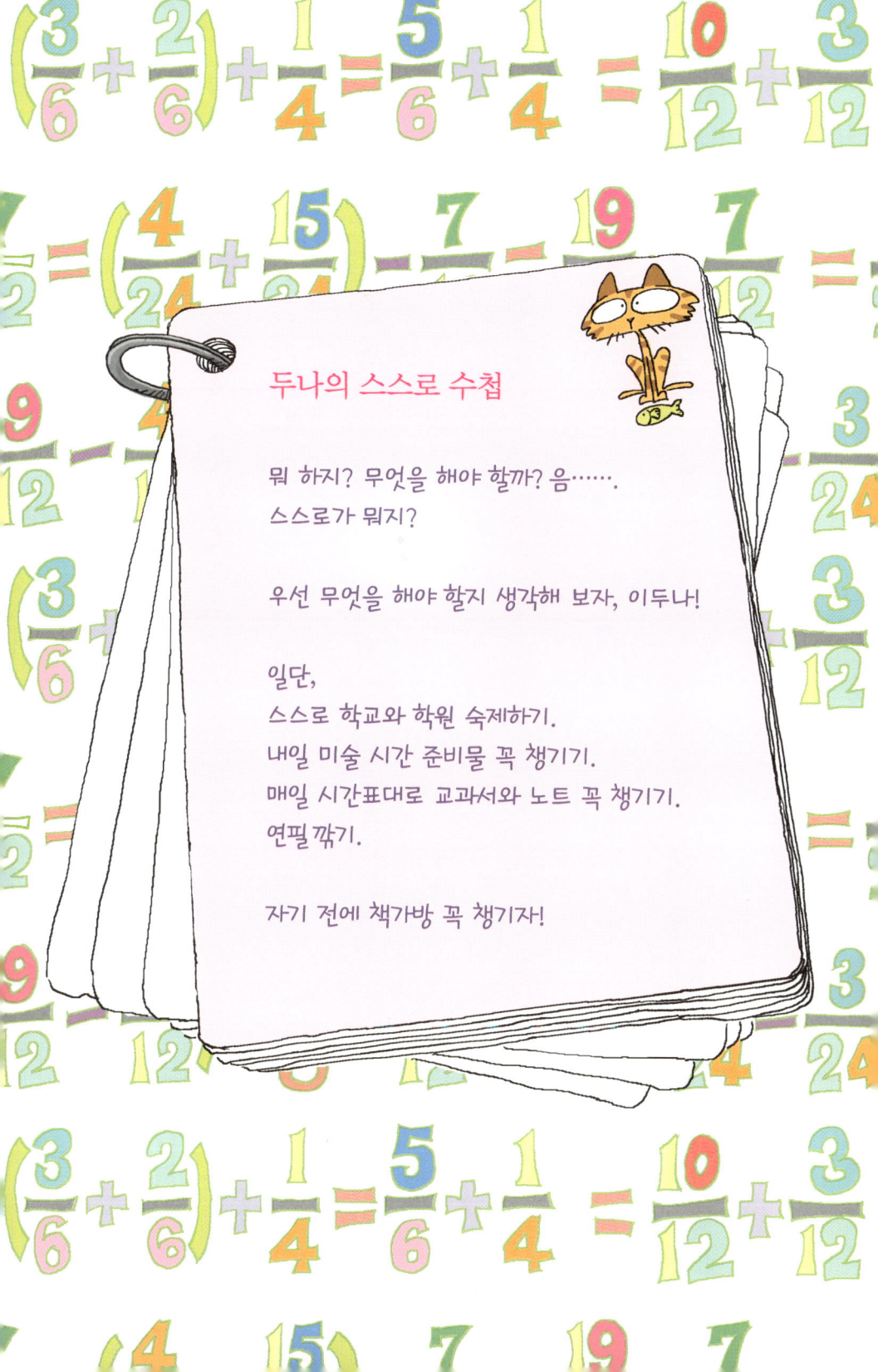

### 두나의 스스로 수첩

뭐 하지? 무엇을 해야 할까? 음…….
스스로가 뭐지?

우선 무엇을 해야 할지 생각해 보자, 이두나!

일단,
스스로 학교와 학원 숙제하기.
내일 미술 시간 준비물 꼭 챙기기.
매일 시간표대로 교과서와 노트 꼭 챙기기.
연필 깎기.

자기 전에 책가방 꼭 챙기자!

# 어·린·이·를·위·한
# 자·율

### 나는 스스로 잘 할 수 있어요

"하지 않았던 것이지 할 수 없었던 것이 아니었어요. 나는 어리긴 해도 스스로 잘 할 수 있는 아이였어요."

스스로 행동하는 힘_자율

## 맘대로가 자율은 아니야!

무책임하고 무계획적이고 무모한 게 자율이 아니란 말이다. 자율 생활이란 게 어떤 건지 다시 생각해 봐라.

두나는 오늘 하루가 믿기지 않았다. 아이들끼리 서점을 가고 청계천 구경을 하고 옷을 산 것은 무인도에서 생활한 로빈슨 크루소만큼은 아니지만 두나에겐 엄청난 일이었다. 로빈슨이 살았던 시대보다 훨씬 발달된 현재에 두나는 무인도 탐험만큼 충격적인 도시 탐험을 하고 온 셈이었다.

두나는 모험 가득한 하루를 보내 아직도 마음이 둥둥 떠 있는 것 같았다. 두나는 잊을 수 없는 체험 학습일이라고 생각하며 1층에서 강율이와 기분 좋게 헤어졌다.

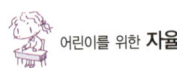

집에 들어온 두나는 울어서 얼굴이 퉁퉁 부은 엄마와 드물게 엄한 아빠의 표정에 덜컥 겁이 났다. 두나는 조심스럽게 인사를 했다.

"다녀…… 왔습니다."

"지금 이 시간까지 뭐 하다 오는 거냐?"

아빠가 화난 목소리로 물었다.

"그게…… 그러니까……."

"어두워지도록 연락 한 번 없고, 지금까지 엄마 아빠가 얼마나 걱정한 줄 알아!"

지친 듯 소파에 기대 있던 엄마가 몸을 바로 세우며 두나를 쏘아보며 말했다.

"지금까지 뭐 했나 하나도 빼놓지 말고 말해 봐라."

"사실은 아침에 지하철에서 강율이를 만났어요. 그래서 같이 서점에서 책 사고…… 근처 청계천 구경도 하고…… 그러다 보니 동대문이 나와서요, 거기서 옷을 샀어요. 이게 그 옷인데요."

두나는 말하다 보니 신이 났다. 처음의 두려움을 잊고 가방에서 옷을 꺼내려는데 사색이 된 엄마 아빠의 모습이 보였다.

"뭐라고? 동대문까지?"

두나가 동대문까지 갔다 왔다는 말에 엄마 아빠는 정말로 놀란

모양이었다.

"당신 짐작이 아주 틀린 건 아니었어. 애들이 다 같이 있었군."

"강율이랑 우연히 만난 게 아니라 처음부터 옷까지 살 생각은 아니었고?"

"아니에요. 정말 우연히 그렇게 됐어요."

"그럼 휴대폰은 왜 안 가져갔니? 일부러 그런 거 아니니?"

"아니에요, 그것도 깜빡했어요. 정말이에요."

엄마 아빠는 두나의 말을 믿는 것 같지가 않았다. 의심의 눈초리로 두나를 엄하게 내려다보았다.

"늦어지면 공중전화로라도 집으로 전화를 해야지! 왜 안 했니?"

"……거짓말을 하게 될 것 같아서요. 사실대로 말하면 빨리 집으로 오라고 하실 거잖아요."

그렇게 대답하면서 두나는 목소리가 점점 작아졌다. 사실은 어떻게 하든 집으로 연락을 하지 않고 아이들끼리 하고 싶은 대로 다하고 싶은 마음이 많았기 때문이었다.

"너에게 엄마 아빠는 늘 혼내는 사람이구나. 엄마 아빠는 늘 친구가 돼 주고 싶었는데 결국 실패한 거네."

"엄마……."

두나는 엄마의 자책에 몸 둘 바를 몰랐다.

"오늘 무슨 일이 있었는 줄 아니? 서점 근처에서 시위가 있었단다. 그 안에 있었다면 어쩔 뻔했니? 또 거기 아니라도 하루 종일 아이들끼리 다니다 보면 위험한 일도 생길 수 있어. 만약 오늘 무슨 사고라도 났다면 어땠겠니?"

"죄송해요."

"엄마 아빠는 네가 스스로 해 보겠다고 자율 선언을 했을 때 걱정스러웠지만 결국 들어줬다. 그때처럼 네가 타당하게 엄마 아빠를 설득하면 되는 것이지, 부모에게 비밀로 하고 무조건 너 혼자 결정해서 충동적으로 행동하는 게 자율이 아니야!"

"잘못했어요, 아빠."

"무책임하고 무계획적이고 무모한 게 자율이 아니란 말이다. 자율 생활이란 게 어떤 건지 다시 생각해 봐라. 이두나."

무책임, 무계획, 무모의 뜻을 정확히는 몰라도 자율이라는 게 엄청난 책임과 의지를 필요로 한다는 걸 두나는 조금이나마 느꼈다.

"일단 휴대폰은 오늘부터 압수다. 부모와의 연락이 제일 우선인데, 그런 역할을 못 하는 휴대폰은 허락 못 한다."

"아빠."

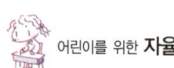

"그리고 네 자율 생활은 오늘부터 끝이다. 원래 약속은 기말고사 끝날 때까지 너 스스로 생활하는 것이었지만 지금 상황에선 너 혼자 하게 내버려 둘 수가 없어."

"아빠, 그것만은……. 제발 저를 믿어 주세요. 더 이상 사고 안 칠게요."

"널 예전처럼 믿을 수 있을지 모르겠다. 여러 가지로 우리가 널 잘못 키운 것 같구나."

엄마는 한탄하며 다시 누우셨다.

"엄마 아빠 잘못이 아니에요. 제 잘못이에요. 오늘 서점에서 나온 후의 제 행동이 너무 충동적이었어요. 혼자 결정해서 어딘가를 가 본다는 생각에 너무 들떴나 봐요. 요즘 이것저것 해 보면서 자신감이 지나쳤던 것 같아요. 다시는 걱정 끼치는 행동을 안 할게요. 믿어 주세요. 기말고사까지 기다려 주세요. 아빠."

두나는 절박하게 아빠에게 매달렸다.

"안 된다면 안 되는 거다. 그 얘긴 두 번 다시 꺼내지 말아라!"

아빠의 단호하고도 화난 목소리에 두나는 심장이 조여드는듯했다. 두나가 얼굴을 숙이고 기죽어서 주저앉자 조금 누그러진 아빠 목소리가 들렸다.

"다시는 연락 없이 걱정 끼치는 행동을 해선 안 돼. 그건 약속

할 수 있지?"

"네, 약속드려요."

"무사히 돌아와 정말 다행이다. 두나야, 많이 피곤하지?"

아빠는 두나를 꼭 안아 줬다. 방으로 들어온 두나는 펑펑 울었다. 생각없이 저지른 자신의 행동이 부모님을 그렇게까지 걱정시키고 힘들게 만들었다는 게 너무나 놀랍고 가슴이 아팠다.

학교에 제출할 체험 학습 보고서를 다 써 놓고도 두나는 잠이 오지 않았다. 보고서에는 서점 간 것까지만 썼다. 진짜 중요한 이야기는 두나의 마음속에 있었다. 두나는 다시 일어나 불을 켜고 일기를 쓰기 시작했다. 도저히 이 기분을 기록해 놓지 않으면 잠들 수 없을 것 같았다. 보고서에 쓰지 않고 엄마 아빠가 걱정할까 봐 하지 못 했던 말들을 모두 일기장에 썼다.

텔레비전으로만 보던 청계천을 직접 본 반가움, 빌딩 숲 냇가의 멋진 어른들을 봤을 때의 설렘, 수많은 옷 속에서 느꼈던 두근거림, 내가 원하는 책을 고르고, 내가 원하는 옷을 알아 가고 선택할 때의 기쁨, 무사히 집으로 오는 버스를 탔을 때의 안도감, 그리고 집에 와서 걱정으로 하얗게 질린 엄마 아빠의 모습에서 느낀 반성. 쓸 것이 너무너무 많았다.

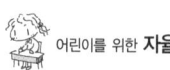

그리고 오늘 느꼈던 것 중에 가장 중요한 것도 적었다. 두나는 자율이라는 것이 스스로 알아서 무언가를 하기만 하면 되는 것인줄 알았다. 그런데 오늘 일을 겪고 나서야 자율에는 책임이 따른다는 것을 깨달았다. 두나는 일기 쓰기가 독후감 다음으로 하기 싫은 숙제였다는 것도 잊은 채 여러 장의 일기를 쓴 후에야 잠이 들었다.

하지만 강율이는 그 시각까지 할머니를 간호하고 있었다. 할머니께선 혼내실 기운이 없을 정도로 기운이 빠져 버리셨기 때문이다.

"죄송해요. 할머니 다신 연락 없이 늦지 않을게요. 일어나 죽 드세요."

죽 그릇을 들고 온 강율을 할머니는 물끄러미 올려다보셨다.

"니도 그 뭐냐 휴대폰 사 주랴?"

"아니에요. 절대 필요 없어요, 할머니. 휴대폰이 없어서 전화 못 드린 게 아니에요. 걱정 끼쳐드리지 않으려고 그런 건데 제가 잘못 생각했어요. 앞으론 뭐든지 할머니께 먼저 말 할게요. 믿어주세요."

"휴. 아무리 그래도 엄마 아빠 같지야 않겠지……. 혈압약이나

찾아오너라."

"빈속에 드시면 안돼요, 제가 떠먹여 드릴게요."

"먹으면 체할 것 같아그려. 약이나 갖다 줘."

강율이는 할머니께 혈압약을 드리며 죄송한 마음에 눈물이 핑 돌았다.

다음 날 풀 죽은 얼굴로 일어났던 두나는 엄마 아빠로부터 엄마와 함께 다시 학원도 알아보고 기말고사 준비에 들어가라는 말을 듣고 마음이 더 무거워 졌다. 설마 했는데 정말로 부모님은 강경했다. 두나는 스스로하는 자율 생활을 막 시작하려다 만 것이 두고두고 아쉬워 견딜 수가 없었다.

'엄마 아빠는 왜 끝까지 나를 믿어 주지 않지? 나는 정말로 혼자선 아무것도 할 수 없는 아이일까?'

두나는 생각할수록 자꾸만 슬퍼졌다. 그러면서 강율이처럼 살아보겠단 계획을 망쳐 버린 어제 자신의 행동에 대해서도 다시한번 화가 났다.

강율이가 어제 일로 얼마나 혼났을까 걱정이 돼 강율이네 집을

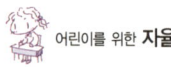

찾아간 두나는 깜짝 놀랐다. 정정하던 할머니가 하루 사이에 십 년은 늙은 듯 기운 없이 누워 있었기 때문이다.

"할머니 죄송해요, 저희들 땜에……. 병원에 가셔야 하는 것 아니에요?"

"내 병은 내가 안다. 한 사날 누워 있으면 돼. 두나야 다시는 니들끼리 연락도 없이 헤매고 다니지 말아라, 잉."

"예, 할머니."

"애덜은 애덜이 할 일을 잘하면 되는거여. 무슨 말인지 알지?"

"예."

두나는 연락이 없는 것이 부모님께는 얼마나 큰 걱정거리인지를 다시 한 번 실감했다.

할머니가 잠든 것을 보고 시무룩이 강율이네 집을 나오는데 마침 두나를 찾아오던 순지와 계단 앞에서 딱 마주쳤다.

"어머, 두나야. 너네 집은 2층이잖아?"

그러는데 안에서 강율이 부르는 소리가 들렸다.

"두나야! 이거 갖고 가."

강율이 쫓아 나오며 쟁반에 죽 그릇을 얹어 주었다.

"많이 끓였어. 어머니 갖다 드려."

"어머, 한강율! 너 여기 살았어?"

순지가 눈이 동그레지며 물었다.

"어, 순지야. 안녕?"

"뭐야 니들? 위아래층에 살면서 비밀로 했던 거야? 어제도 아무 말 안 하고? 니들 사귀냐?"

"아니야!"

"말도 안 돼!"

두나와 강율은 동시에 두 손을 휘저었다. 그래도 순지의 눈빛은 뭔가 수상하다는 의심이 묻어 있었다.

두나는 서둘러 2층 자기 방으로 순지를 데려왔다.

"너 내일 학교 가서 쓸데없는 소리 마!"

"흥, 너 하는 거 봐서. 니들 어쩜 여태 감쪽같이 속였니?"

"속이긴 누가 속였다고 그래? 그 얘긴 그만하고, 순지 너 우리 집에 왜 온 거야?"

"아휴……. 우리 엄마 때문에 도망 왔지. 어제 연락도 없이 늦게까지 싸돌아다녔다고 엄청 혼났어. 손바닥도 맞았다니까! 그러고도 오늘 아침부터 또 혼내시잖아. 사고뭉치라고 동네 창피해 못살겠다고. 그거 듣기 싫어서 피신 온 거야. 넌 안 맞았니?"

"맞긴 왜 맞니?"

대답을 하면서도 두나는 답답해졌다. 엄마 아빠가 때리지는 않았지만 두나의 손과 발을 묶어서 자유가 없어진 것만 같았기 때문이다.

"근데 두나 너 강율이네 자주 가 봤어?"

"아니, 몇 번. 오늘은 걔네 할머니 뵈러 갔다 온 거야."

"너 벌써 강율이 할머니하고도 친해진 거야? 걔네 부모님은 화 안 내셨대?"

두나는 그 질문엔 차마 대답을 못 하겠어서 얼렁뚱땅 말을 돌렸다. 정말로 강율이 부모님은 어떻게 된 것일까? 강율이가 상처받을까 봐 질문을 못 해 봤는데 언젠가 물어봐야겠다고 두나는 생각했다.

"어쨌든 너 학교에서 떠들면 안 돼!"

메롱, 하고 순지는 놀렸고 두나는 걱정거리가 하나 더 늘어서 골치가 아팠다.

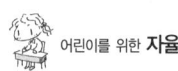

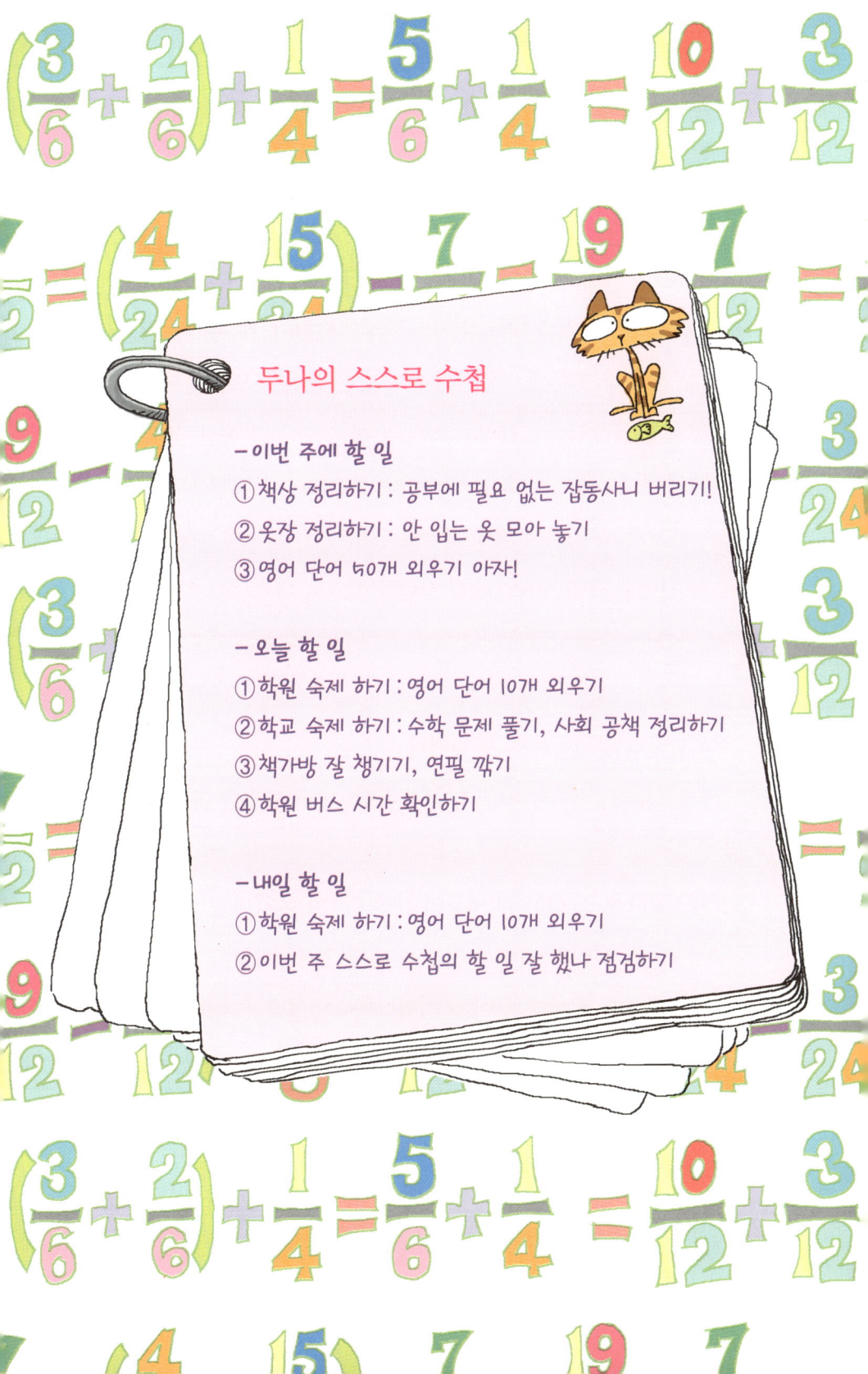

스스로 행동하는 힘_자율

## 엄마의 스케줄 수첩과 두나의 스스로 수첩

인생은 자기가 사는 거야. 진짜 행복이 무엇인지
자기 스스로 찾아가며 살아야지.

두나의 자율 선언으로 잠시 외로웠던 엄마는 원래의 생활로 돌아오자 갑자기 의욕이 솟는 듯했다. 엄마의 방법이 맞았다고 생각한 것인지 잃었던 직장에 다시 취직한 것처럼 열의를 보였다.

엄마는 다시 스케줄 수첩을 펼쳐 들고 두나의 일주일 스케줄을 짜기 시작했다. 그 모습에 두나는 숨이 막혔다.

이대로 엄마 스케줄대로만 산다면 다시는 홀로서기를 못 할지도 모른다는 위기감을 느꼈다. 두나는 마지막 노력을 해 보기로 결심했다.

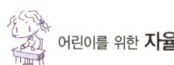

두나 역시 다시 '스스로 수첩'을 펼쳐 들었다. 며칠 방황했던 것을 보충하며 스스로 해야 할 것을 메모하기 시작했다. 국어나 사회 공책의 필기는 엉망이면서도 어쩐 일인지 스스로 수첩을 정리하는 일은 재미가 있었다. 스스로 할 일, 오늘의 할 일, 내일의 할 일을 정리하다 보면 뭔가 길이 보이는 것도 같았다. 그리고 일부러 엄마에게 들리도록 '스스로! 스스로!'를 크게 외치고 다녔다.

그런 두나를 보고도 엄마는 눈도 꿈쩍 안 했다. 그래도 두나는 이대로 자율 생활을 멈추고 싶지 않았다. 엄마에게 두나 스스로 잘할 수 있다는 믿음을 먼저 드려야 했다. 그래서 두나는 불가능하다고 생각했던 목표에 도전해 보기로 했다.

"엄마, 영어 학원에서 단어 오십 개 외우기 한 번에 통과하면 오천 원 주실래요?"

"뭐? 오십 개를 한 번에?"

사실 두나가 단어 오십 개를 다 외워 간 적은 단 한 번도 없었다. 늘 통과를 못해 남아서 다시 영어 단어를 외우느라 학원 버스를 놓치기 일쑤였다. 그때마다 엄마가 데리러 오며 왜 단어를 다 외우지 못했냐고 잔소리를 하곤 했다.

"학생이 숙제를 다 해 가는 건 당연한 거야. 하지만 오십 개를 외워서 테스트를 한 번에 통과한다면, 뭐 생각해 볼게."

엄마는 별로 기대하지 않는 표정으로 떨떠름하게 대답했다. 두나는 어떻게든 자율 생활을 다시 쟁취하기 위해서 자신이 혼자서도 잘할 수 있다는 것을 보여 주고 싶었다. 두나는 특단의 단어 외우기 작전에 돌입했다. 하지만 영어에 약한 두나로서는 쉬운 일이 아니었다 그래서 영어를 잘하는 강율에게 비법을 물어보기로 했다.

"단어를 외우는 것도 중요하지만 혼자 시험을 해 봐야 해. 그래야 어느 것을 알고 어느 것을 모르는지 알잖아. 일단 영어 단어를 한쪽에 적고 다른 한쪽에는 뜻을 적는 거야. 반으로 접어서 영어 단어만 보고 다른 빈 종이에 뜻을 적어 넣는 거야. 그러면 누가 대신 단어를 물어봐 주지 않아도 혼자 시험 보는 셈이잖아. 그래서 맞은 건 빼고 틀린 것만 다시 외워 봐. 그렇게 해서 틀린 것을 다 맞을 때까지 여러 번 혼자 시험해 보는 거지."

강율에게 배운 대로 두나는 처음으로 단어를 종이에 적어 들고 다니며 외웠다. 밥 먹는 식탁에서도 외우고 거실에서도 단어를 중얼거리며 다녔다. 그러면서 강율이 알려 준 방법대로 혼자 테스트를 해 가며 뭘 알고 뭘 모르는지를 표시해 나갔다.

생전 처음 보는 두나의 그런 모습을 엄마는 신기한 듯 흘깃거

렸다. 두나는 꼭 이루고 싶은 목표가 있으니 영어 단어가 더 잘 외워지는 것 같았다.

그 주에 두나는 처음으로 영어 단어 시험을 한 번에 통과했고 무사히 학원 버스를 타고 집에 올 수 있었다. 물론 용돈도 받았다. 엄마는 믿기지 않아 하다가 까르르 웃고는 오천 원을 선뜻 내주었다.

하지만 영어 단어 시험을 몇 번 무사 통과를 하자 엄마는 더 이상 오천 원은 안 된다고 하셨다. 그래도 두나는 기분이 좋았다. 어느새 알게 된 단어가 늘어났고, 그러다 보니 이젠 단어 외우는 게 예전처럼 어렵지 않았기 때문이다. 영어 선생님 말씀도 무슨 뜻인지 이해되는 것이 조금씩 늘어났다. 용돈 모으는 재미는 줄었지만 뜻밖에 영어 공부하는 데에 재미를 붙인 셈이다.

두나의 변화가 기쁘면서도 엄마는 이 정도로는 안심이 안 된 모양이었다. 여전히 과학 학원도 알아보고 논술 학원도 다니면 어떨까 아빠에게 의논하셨다. 아빠는 학원 많이 다니는 아이치고 공부 잘하는 아이 못 봤다며 반대하셨지만, 엄마는 그래도 걱정을 버리지 못하셨다.

두나는 엄마가 자신을 학원에 끌고 가기 전에 좀 더 스스로 노력하는 모습을 보여야 부모님이 자신의 자율적인 생활을 확실히 믿어 줄 거라는 것을 깨달았다. 그런 참에 학교에서 독후감 숙제가 나왔다.

예전 같으면 제일 싫어하는 숙제였지만 이번엔 달랐다. 여전히 어렵고 하기 싫은 숙제였지만 이번엔 엄마의 도움 없이도 독후감을 잘 쓸 수 있다는 것을 보여 주고 싶었다. 무슨 책을 쓸까 삼십 분 넘게 고민하던 두나는 얼마 전 강율이 덕에 읽게 된 《로빈슨 크루소》에 대해 쓰기로 했다.

책을 정하고 나서는 또 무슨 얘길 쓸까 두나는 한참 고민했다. 책을 앞에 두고 뭐라고 쓸까를 진심으로 고민해 본 적도 처음 있는 일이었다. 고민을 하다 보니 해결책이 보였다. 두나는 책의 줄거리를 구구절절하게 소개하기보다는 자신의 생각을 더 많이 쓰기로 했다.

그래서 다시 정한 제목은 〈나와 로빈슨 크루소〉였다. 자신과 로빈슨 크루소를 비교하며 쓰다 보니 어느새 팔백 자가 후딱 써졌다. 이런 적은 처음이다. 뭔가 쓸 말이 있다는 것이 글 쓰는 데 얼마나 중요한 일인지 두나는 처음으로 깨달았다.

두나 엄마는 순지 엄마를 통해 여전히 오늘 숙제가 무엇인지,

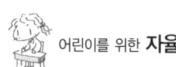

내일 준비물이 무엇인지 다 알고 있었다. 그래서 오늘도 역시 독후감 숙제를 도와줄 방법을 찾고 있었다. 엄마는 거실에 굴러다니던 《광개토대왕》 위인전을 들고 두나 방 앞에서 서성댔다. 책 사이엔 역시나 요약 내용과 독후감이 들어 있었다.

그러는데 두나 아빠가 퇴근해 돌아왔다.

"이럴 줄 알았어. 이럴 줄 알고 내가 회식도 마다하고 집으로 왔지, 짜잔!"

아빠는 품에서 와인 한 병을 꺼내 들었다.

"나 또 출장 가야 하니까 오늘은 두나 신경 그만 쓰고 나랑 한 잔 하자고. 어서."

아빠는 두나 방문 앞에서 머뭇거리는 엄마의 손을 잡아 끌며 부엌으로 들어갔다.

"웬일이에요, 당신이?"

엄마는 의아해하면서도 싫지 않은 듯했다. 아빠는 엄마와 정말로 오랜만에 와인 잔을 부딪히며 결혼 전 데이트했을 때의 추억을 이야기했다. 그동안 이런 시간을 자주 갖지 못한 것을 아쉬워하면서 말이다.

"다른 날하고 분위기가 다른 데 뭐 할 말 있죠, 당신?"

엄마는 몇 번이나 아빠에게 물었지만 아빠는 그저 미소만 지을

어린이를 위한 **자율**

뿐 마음속 얘기를 꺼내지는 못했다.

"그냥……. 진정으로 두나를 위하는 것이 어떤 것인지 생각해 보자고. 사실 두나한테는 엄마 아빠가 사이좋게 잘 노는 걸 보여 주는 게 제일 좋은 교육이잖아."

무언가 아빠가 말을 못 하는 것이 있는 것 같았다. 엄마는 아빠가 출장에서 돌아오면 더 길게 얘기를 나눠 보리라 마음먹었다.

다음 날 국어 시간.

"보물을 찾아서 장애인을 위한 병원을 짓겠다고? 장호가 《보물섬》을 읽고 아주 훌륭한 생각을 했구나. 꼭 그런 일이 생기길 바란다, 장호야."

"네!"

장호가 우렁차게 대답했다.

"또 누구 발표해 볼 사람?"

선생님은 아이들 얼굴을 둘러보며 질문하셨다. 발표도 항상 하던 아이들이 했다. 두나는 장호가 발표하는 보물섬 얘기를 듣다 보니 처음으로 자신도 이야기해 보고 싶다는 생각이 문득 들었다. 두나가 망설이다 손을 들자 선생님은 깜짝 놀라 두나를 바라보았다.

"오, 두나! 두나가 재미있는 책을 읽었나 보구나. 기대되는걸? 어디 시작해 볼까?"

두나가 제목이 〈나와 로빈슨 크루소〉라고 발표하자 아이들은 킥킥대고 웅성거리고 난리도 아니었다. 아이들 중에도 강율이가 제일 흥미를 보이는 눈치였다.

〈나와 로빈슨 크루소〉

로빈스 크루소라는 이름은 들어 봤어도 이 책을 읽기는 처음이었다. 친구 소개로 이 책을 읽게 됐는데 진작 읽지 않은 것이 후회될 정도로 재미있었다.

이 책은 로빈슨이 무인도에서 혼자 28년간을 살다 탈출에 성공하는 이야기이다. 하지만 나는 무인도에서는 일주일도 살지 못할 것 같다. 혼자서 할 줄 아는 게 아무것도 없기 때문이다. 모르는 것 천지고 해 본 것 없는게 천지이다. 엄마가 차려 주는 밥 말고 내 손으로 음식을 구해 먹을 줄 몰라서 아마도 난 무인도에서 굶어 죽을 것 같다.

로빈슨은 혼자서 집도 짓고 의자도 만들고 농사도 지었다. 지혜롭게 잘 살아가는 모습이 존경스러웠다. 언제 어디서든 살아남으려면 여러 방면에서 아는 것이 많아야 하는가 보다. 포기하지 않는 마음과 용기는 그런 자신감에서 나오는 것 같다.

정말 지구에 무인도는 얼마나 있는 것일까? 내가 어른이 돼서도 찾아가 볼 수 있는 무인도가 남아 있을까? 궁금해졌다. 그런데 지구가 점점 따뜻해지면서 빙하가 녹고 있다는 뉴스가 떠올랐다. 빙하가 점점 빨리 많이 녹고 있어 바닷물이 높아지고 있다는 내용이었다. 그럼 섬이 자꾸 바다에 잠겨 무인도가 줄어드는 것은 아닐까? 걱정이 됐다. 그런 일이 안 생겼으면 좋겠다.

빙하가 녹을 정도로 지구가 따뜻해지는 건 오존층이 파괴되기 때문이고 오존층은 사람들이 환경을 생각하지 않고 온갖 화학 물질을 많이 사용해서 그렇단다.

내가 어른이 돼서 무인도 탐험을 할 수 있도록 사람들이 환경을 지키고 지구를 건강하게 만들었으면 좋겠다. 나부터라도 걸어가도 될 거리에 있는 학교를 지각을 해서 자동차 타고 가는 나쁜 버릇을 없애야겠다. 두 발로 열심히 걸어다니며 로빈슨처럼 건강하게 무인도 생활을 할 수 있도록 미리 연습해 두어야겠다.


두나가 독후감을 다 읽자 아이들은 킥킥거리며 재미있어했다. 두나를 다시 본다는 눈치로 바라보는 아이도 있었다. 사실 아이들 중엔 그 책을 안 읽은 아이들도 있어서 줄거리에 대해 얘길 나

누느라 수근거리는 아이도 있었다.

"하하하! 아주 재미있었다, 두나야. 로빈슨 크루소에서 빙하 녹는 환경 문제까지 이야기하다니 두나가 아주 생각이 재밌는걸? 아주 흥미로운 독후감이니 상을 줘야겠네. 자, 받아라. 초콜릿이다."

선생님은 책상 위에 있는 유리병에서 제일 큰 초콜릿을 하나 집어 두나에게 주었다. 아이들은 진심으로 부러워했다.

국어 시간 이후로 두나는 어쩐지 하루 종일 힘이 났다. 스스로의 생각을 발표해 인정을 받는 기분이 얼마나 좋은지 알 것 같았다. 엄마가 도와준 숙제를 발표하지 못했을 때랑 너무도 달랐다. 기특한 두나! 잘하고 있어! 두나는 스스로를 칭찬해 주고 싶었다. 자신이 혼자 할 수 있는 일이라고는 그저 선생님이 말씀하실 때 숨쉬고 앉아 듣고 있는 것 뿐인 것만 같다고 자책했던 것이 언제인가 싶었다.

영어 단어에 이어 독후감 숙제까지 좋은 결과가 나오자 두나는 조금씩 자신감이 생겼다. 못하는 것이 아니라 안 한 것이었다. 게다가 최선을 다한 것은 더욱 아니었고, 그렇기에 노력하면 혼자서 할 수도 있고 나아가 잘할 수도 있다는 것을 깨달았다. 그런 경험과 깨달음은 두나의 마음마저 밝게 만들었다. 두나는 요즘

엄마가 학원 테스트 보러 가자고 안 하는 것도 자신이 혼자서 잘하고 있기 때문이라고 짐작했다.

하지만 엄마의 고민은 다른 데 있었다. 두나에게 말은 못 했지만 시골의 두나 할머니가 편찮으셔서 시골로 보내는 병원비도 만만치 않았다. 게다가 언제쯤부턴지 아빠의 사업도 삐거덕거리는 것 같았다.

사실 지난번 와인을 마시던 날 아빠가 하고 싶었던 얘기도 사업에 관한 이야기였을 것이라고 두나 엄마는 짐작했다. 아빠의 한숨 소리가 점점 늘어 가기에 빠듯한 생활비로 간신히 버티는 중이었다. 그래서 두나를 어서 빨리 더 좋은 학원에 보내야겠다고 맘을 먹으면서도 학원비 걱정에 자꾸만 미루고 있었다.

말로는 두나에게 언제 유학을 갈지 모르니 영어를 열심히 하라고 했지만 꿈 같은 이야기를 하고 있다는 서글픔도 밀려왔다. 유학은커녕 두나를 영어 학원도 계속 못 보낼지 모른다. 지금이 중요한 때라는데 제대로 뒷바라지를 못해 중학교, 고등학교 공부까지 뒤쳐지면 어쩌나 걱정이 몰려왔다. 저렇게 혼자서 하게 내버려 뒀다가 다른 아이들보다 공부를 못하면 어쩌나 하는 두려움으로 엄마는 잠 못 드는 날도 많았다.

그렇게 엄마가 고민하는 사이 두나네에 빅뉴스가 전해졌다. 바로 천재 지혁 오빠가 고시 공부를 그만두고 인도로 명상하러 떠났다는 소식이였다. 그 때문에 큰이모가 쓰러졌다고 엄마는 큰이모네로 달려갔다 오셨다.

지혁 오빠는 초등학교 때부터 고등학교 마칠 때까지 내내 전교 일 등만 하고 제일 좋은 대학, 제일 좋은 회사에 들어가며 모범적으로 살더니 이제 와서 갑자기 왜 집을 뛰쳐나간 것일까? 두나는 정말로 궁금했다. 큰이모네 다녀온 엄마는 큰이모가 계속 울고만 계신다며 걱정했다.

"내 그럴 줄 알았어. 너무 마마보이로 키우더라니. 쯧쯧. 회사 일에도 사사건건 간섭을 하시더니 싫다는 고시 공부는 왜 하라고 등을 떠미시나? 이참에 지혁이가 강한 남자가 돼서 돌아오면 좋겠구만. 걱정 마시고 아들을 좀 자유롭게 내버려 두라고 전해 줘."

출장 가방을 체크하던 아빠가 말했다.

"남의 일처럼 말하지 말아요. 지혁인 우리 집안의 자랑인데."

"자랑이면 뭐 해? 코스대로 살게만 만드는데? 걔도 나중에 학원 강사 하라고 그러시는 거 아냐? 특목고 나오고 외국 석사, 박사 받아 와 강남의 억대 연봉받는 학원 강사 되는 게 요즘 공부 잘하는 애들이 가는 코스라며?"

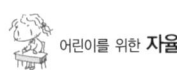

"여봇!"

"그러게 인생은 자기가 사는 거야. 진짜 행복이 무엇인지 자기 스스로 찾아가며 살아야지."

엄마 아빠는 지혁 오빠 일로 계속 설전을 벌이고 있었다. 두나는 정말로 진정한 행복이란 무엇일지 궁금해졌다. 지혁 오빠가 그 해답을 잘 찾아 돌아오길 바랄 뿐이었다. 인생의 해답을 찾는 일에 비하면 국어 문제의 정답을 찾는 일쯤은 너무나 쉬운 일 같았다.

아빠가 지방으로 출장을 떠나고 며칠 뒤 두나 집에 뜻밖의 손님이 찾아왔다. 바로 강율과 강율의 엄마 아빠셨다. 강율 부모님이 돌아가신 거라고 생각하고 있던 두나와 엄마는 깜짝 놀랐다.

"어머나, 죄, 죄송합니다. 이, 이렇게 살아계신 것도 모르고……."

엄마는 어쩔 줄을 모르고 말까지 더듬으셨다.

"죄송하긴요. 강율이도 신경 써 주시고 저희 어머니께 반찬도 자주 해다 주신다기에 인사드리러 왔어요. 정말로 감사합니다."

강율이 아빠는 강율이가 어른으로 자라면 저렇게 멋있는 아저씨가 될까 싶게 키도 크고 인상도 좋았다. 강율이 엄마는 눈이 초롱초롱하니, 똑똑하게 생긴 작은 체구의 아줌마였다. 두 분 모두 계속 웃으며 인사를 했다.

소파에 앉아 손님 대접을 하면서도 두나 엄마는 너무 놀라 사과 깎는 손이 후들후들 떨렸다. 사과를 울퉁불퉁 깎아 놓으면서도 궁금한 것 투성이라 두나 엄마는 질문을 멈추지 못했다.

"그럼 미국에서 두 분 다 공부하시는 거예요?"

"예. 저는 박사 과정 중이고, 강율이 엄마는 내년에 대학을 졸업합니다. 이번에 어머님 생신도 있고 비자 연장도 해야 해서 나왔습니다."

"어머나, 대단하시다. 정말 부럽네요. 근데 강율이는 왜 부모님 얘길 안 했을까요?"

엄마는 정말로 궁금한 표정으로 강율이 엄마를 바라보았다. 강율이 엄마는 그 말에 시무룩해지며 옆에 앉은 강율의 머리를 쓰다듬었다.

"애 떼어놓고 공부하러 간 독한 부모라고 욕 먹을까 봐 그랬을 거예요. 시골에선 어르신들께서 이해를 못 하셔서 안 좋은 소리 많이 들었거든요. 돌아가신 건데 거짓말하는 거 아니냐고 놀리며 못살게 구는 아이들도 많았고요."

두나는 강율이가 얼마나 속상했을지 짐작이 갔다. 아직까지 멀게 느껴서 얘길 안 한 걸까 생각하니 약간 섭섭하기도 했다.

"아, 그렇군요. 그런데 강율이는 왜 미국에 안 데려가셨나요? 요즘엔 일부러라도 외국 유학 보내려고 난린데요?"

엄마의 호기심은 끝이 없었다.

"강율이 때문이었어요. 강율이가 저희 부부가 공부하는 거 방해하고 싶지 않대요. 지금은 저희들이 열심히 공부해야 할 때라고 짐이 되고 싶지 않다나요? 어차피 할머니는 미국 가기 싫어하시니 자기가 할머니 모시고 살겠다고 어찌나 우겨대던지요. 덕분에 저희가 공부에만 전념해서 유학 기간을 단축할 수 있었어요. 어서 공부 끝내고 한국에서 직장 구해 어머니와 강율이 뒷바라지해야죠. 평생 은혜 갚으며 살아도 모자랄 것 같아요."

"네. 그러시군요. 가족들이 모두 대단하시네요."

엄마는 크게 고개를 끄덕였다. 두나가 보기에도 열심히 살아가는 가족 같았다. 그 중에서도 강율이가 제일 훌륭해 보였다. 강율이의 머릿속에는 무슨 생각이 들어 있을까? 강율이가 어떻게 자라는지, 대학교를 나온 뒤 어떤 인생을 살아갈지 정말로 궁금해졌다. 그리고 그 모든 것을 지켜보고 싶다는 생각이 들어 두나는 살짝 얼굴이 붉어졌다.

 어린이를 위한 자율

강율이 부모님은 할머니가 완전히 회복되는 것을 보고는 다시 공부를 하러 미국으로 가셨다. 두나 엄마는 강율이 부모님을 만난 뒤로 갑자기 자신이 믿고 있던 모든 게 엉클어진 느낌이었다.

'강율이 부모님은 자식보다 자신들의 인생이 더 중요하다고 생각하는 것일까? 자식을 돌보는 것보다 내 앞날을 개척하는 게 옳은 것일까?'

두나 엄마는 도무지 해답을 찾을 수 없었다. 강율이 부모를 보니 그들이야말로 인생을 스스로 개척해 잘 살아가고 있었다. 자신은 두나 뒷바라지에 모든 힘을 쏟지만 실상은 핑계일지도 모른다는 생각이 들었다. 자신의 현재 인생을 똑바로 바라볼 용기가 없고, 남은 인생을 개척할 용기가 없어서 자신 대신 두나 인생에 승부를 거는 것인지도 모른다. 부모가 바로 서지 못하니 아이도 스스로 일어서지 못하는 것은 아닐까 두렵기도 했다.

혼자 내버려 둔 강율이가 부모의 보호 속에 사는 두나보다 여러모로 한 수 위라는 사실이 두나 엄마를 내내 고민하게 만들었다. 강율이 부모와 큰언니의 교육관도 비교되었다. 강율이와 두나, 지혁이를 비교하니 어떻게 키워야 하는지 혼란스러웠다.

두나는 강율이와 지혁이만큼 공부에 재능이 있는 아이가 아니었다. 중하위권을 맴도는 성적뿐 아니라 생활 태도면에서도 아직 많이 부족했다. 그런 두나에게 공부만을 강요해선 안된다는 게 뼈아픈 현실이었다.

그럼 두나가 긴 인생을 살아가기에 정말 필요한 것은 무엇일까? 그것을 찾아가는 데 부모로서 어떤 도움을 줄 수 있을까? 두나 엄마의 혼란과 고민의 시간은 끝이 없었다.

그런 혼란 속에 기말고사 기간이 다가왔다. 엄마는 또 화들짝 놀라 정신이 번쩍 들었다. 두나의 긴 인생에 대한 고민은 어디로 갔는지 당장 눈앞의 기말고사를 잘 봐서 중간고사 때 떨어진 성적을 만회해야 한다고 발을 동동 구르기 시작했다. 다시 스케줄 수첩을 펴 들고 시험 공부 계획을 짜느라 바빠졌다.

엄마는 또다시 5학년 교과서 독파를 시작했다. 그리고 요약 노트를 만들어야 한다며 두나를 닦달하는데 엄마의 휴대폰이 울렸다. 휴대폰 액정에는 '달링'이라는 이름이 떠 있었다.

"어머, 여보? 네? 간호사요? 웬일…… 어머나! 어느 병원인가요? 네! 당장 가겠습니다."

엄마는 횡설수설하더니 형광펜을 든 채 정신없이 지갑을 챙겨 들었다

"엄마 왜 그러세요? 무슨 일인데요? 아빠가 왜요? 아빠 다음

주에 오신댔잖아요."

"응. 병원 간호산데 아빠가 아프셔서…… 병원으로……. 아, 정신없어. 하여튼 엄마가 나중에 전화할게."

"엄마, 저도 갈게요."

"아니야. 넌 이거나 외우고 있어."

엄마는 그 와중에도 쓰다만 요약 노트를 던져 주고는 서둘러 나갔다. 아빠가 어떻게 된 건지 걱정이 된 두나는 알록달록한 요약 노트의 단정한 엄마 글씨가 하나도 눈에 들어오지 않았다.

나중에 걸려온 엄마의 전화에 의하면 아빠는 지방에서 거래처 사람들과 먹은 음식이 잘못되었는지 배탈이 났단다. 그런데도 계속 장거리 이동을 하고 회의를 하느라 더 심해지고 탈수와 고열에 시달리다 결국 병원에 실려 간 것이다. 병원에 도착해 보니 거의 복막염이 될 뻔한 상태였다. 서울 병원으로 옮기지 못하고 지방에서 수술을 받아야 하는 상황이었다.

스스로 행동하는 힘_자율

## 진정한 홀로서기

> 강율아. 이제부턴 나 혼자 공부할게! 이번엔 너로부터 독립을 해야겠어.

엄마가 병원에서 아빠를 간호하는 동안 집안은 엉망이 되었다. 엄마의 부탁으로 이모와 고모 들이 번갈아 와서 밥을 해 주고 잠도 자고 가고 그랬지만 엄마의 빈자리가 너무 컸다. 하지만 두나는 이때야말로 자신의 홀로서기를 시험해 볼 수 있는 기회라는 생각이 들었다.

'엄마 아빠가 없는 동안 최선을 다해 혼자 살아 보자. 그것이 나를 키우고 가르치기 위해 일하시다 수술까지 하게 된 아빠에 대한 보답일 거야! 기말고사도 최선을 다해 잘 치러 보자.'

어린이를 위한 **자율**

두나는 다짐하고 또 다짐했다.

하지만 한꺼번에 엄마 아빠 두 분 모두 안 계시니 두나의 마음만큼 쉽지 않았다. 난생처음 생긴 일이라 두나는 외롭기도 했다. 쓸쓸한 마음이 들 때마다 두나는 강율이는 오랫동안 부모님과 떨어져서도 혼자 잘 해낸 것을 생각하며 "스스로! 스스로!"를 구호처럼 외치고 다녔다.

또 두나는 보이는 곳마다 해야 할 일을 적은 메모를 붙여 놓고, 오늘이 무슨 요일인지, 지금이 몇 시인지를 기억하려 애썼다. 수시로 울려 대는 시계 알람 소리에 이모가 깜짝 놀라 쫓아오는 일도 많았다. 하지만 매번 알람을 맞춰 놓지 않고는 학원을 언제 가고, 무슨 일을 해야 할지 알 수가 없으니 어쩔 수 없었다.

그렇게 애를 써도 두나는 아침에 가방 메고 현관을 나서다 세수만 하고 이를 안 닦은 게 생각난 적도 있었다. 숙제하다 깜빡 잠들어 학원 버스를 놓친 일도 있었다. 휴대폰이나 우산을 학교에 두고 오는 일 같은 두나의 실수는 여전히 계속 됐다. 하지만
'스스로 수첩'의 메모가 쌓여갈수록 두나의
생활은 점점 정리가 되었다.

고모와 이모들은 예전과 달라진 두나의 모습에 놀라했다. 예전과는 달리 스스로의 일을 알아서 계획하고 실천하는 두나의 모습은 이모들에게 큰 이야깃거리가 되었다.

두나는 이제 방 청소도 직접 하고, 재활용 수거일에 분리수거도 해 보았다. 처음이었지만 어렵지 않았다.

'엄마는 왜 이런 일을 시키지 않았는지 모르겠다. 정말로 평생을 공주 마마처럼 살게 하고 싶으셨던 것일까?'

두나는 의아했다. 엄마는 언제나 공부를 최우선 순위로 삼았지만 요즘 두나는 교과서 밖에서 많은 경험을 하며 자신감을 얻고 있었다.

한번은 집에 우유가 떨어져 두나가 처음으로 우유를 사러 간 일도 있었다. 슈퍼 유유 진열대에 가 보고 두나는 깜짝 놀랐다. 우유 종류가 그렇게 많다는게 새삼스러웠다. 크기와 모양, 가격도 여러 가지였다. 두나는 예전엔 무심히 보았던 것이 새롭게 느껴졌다.

"아저씨, 1리터짜리 우유가 어떤 거예요?"

짐을 정리하던 슈퍼 아저씨에게 물으니 아저씨가 하나를 집어 주셨다.

"오늘은 우유가 세일이다. 이거 말고 작은 거 붙어 있는 걸로 사면 더 싸다."

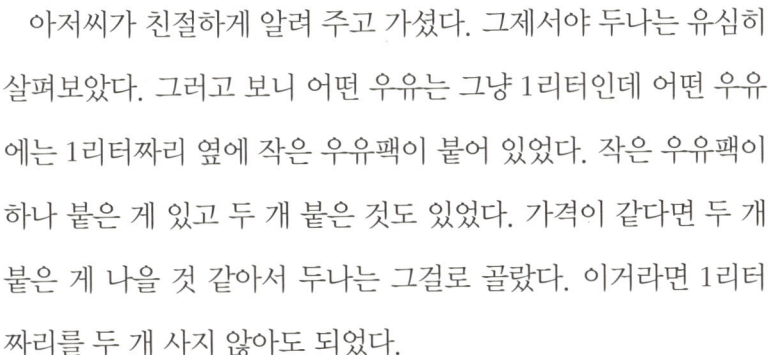

아저씨가 친절하게 알려 주고 가셨다. 그제서야 두나는 유심히 살펴보았다. 그러고 보니 어떤 우유는 그냥 1리터인데 어떤 우유에는 1리터짜리 옆에 작은 우유팩이 붙어 있었다. 작은 우유팩이 하나 붙은 게 있고 두 개 붙은 것도 있었다. 가격이 같다면 두 개 붙은 게 나을 것 같아서 두나는 그걸로 골랐다. 이거라면 1리터짜리를 두 개 사지 않아도 되었다.

"비닐 봉투 필요하니?"

계산대에 오니 언니가 물었다.

"비닐 봉투요? 왜요? 전 우유만 필요한데요."

"우유 넣기 위해 필요하냐고. 비닐 봉투는 따로 오십 원을 받거든."

언니가 말했다. 아, 그래서 엄마가 장바구니를 매일 들고 다니시는 거구나. 두나는 이런 것도 모르는 것이 창피해서 얼굴이 살짝 붉어졌다.

"그냥 주세요. 들고 갈게요."

대답한 두나는 잔돈을 잘 받아 주머니에 넣었다. 저금통에 잔돈을 넣으며 두나는 자신이 생각보다 경제 관념이 있다는 것을 깨달았다. 수학 문제는 잘 못 풀지만 용돈 관리는 아주 잘하고 십 원도 차이 나지 않게 잘 기록도 하고 있었다. 비교적 검소한 편이라 허투루 쓰지 않고 모으기만 하니 금방 부자가 될 것 같은 착각이 들기도 했다. 어쩜 사업가로도 대성할지도 모른다. 두나의 즐거운 상상은 끝이 없었다.


기말 시험 공부는 강율이와 함께 하기로 했다.

"강율이 넌 사회는 교과서만 읽는구나. 국어는 문제집을 많이 푸네."

두나는 계속 신기해하며 종알거렸다.

"그냥 내 맘대로 공부하는 거야. 넌 너 하고 싶은 대로 하면 돼."

강율이가 쑥스러워하면서 말했다. 그러면서 자신이 깨달은 시험 공부의 비법을 알려 줬다.

"시험 범위 안에서 모르는 부분이 어디인지를 먼저 알아내는 게 중요해. 모르는 부분은 대부분 쳐다보기도 싫거든? 하지만 그

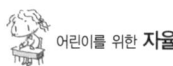

부분이 이해될 때까지 공부하는 거야. 그게 진짜 공부 같아."

강율이의 설명을 듣고 보니 두나는 지금까지의 시험 공부가 반성이 되었다. 두나 역시 공부 하기 싫은 부분이 있었다. 그리고 제대로 모르고 자신 없는 부분이면 대충 넘어가곤 했다.

그런데 강율이는 모르는 곳일수록 더 열심히 끈질기게 쳐다보고 공부해야 한다고 한다. 그렇게 해서 범위 안에서 모르는 부분은 하나도 없게 하는 것이 공부의 비법이었다. 두나는 큰 깨달음을 얻은 듯이 크게 머리를 끄덕거렸다.

"알았어. 그럼 이 수학 문제 말이야. 도저히 모르겠는데 네가 한번 풀어 봐 줄래?"

두나는 강율에게 특히 수학 문제를 자주 물어봤다.

"넌 학원도 안 다니는데 어떻게 그렇게 수학을 잘하니?"

"글쎄. 수학을 좋아해서 그러나?"

"수학이 좋아? 지난번엔 영어가 좋다더니 수학까지? 강율이 너 미쳤구나!"

두나가 비명처럼 외쳤다.

"킥킥. 그래, 미쳤나 보다. 난 기계 만드는 걸 좋아하거든. 그런데 기계는 1밀리미터의 오차도 있으면 안 되잖아. 우주선이라든가 미사일이라든가 중요한 기계일수록 더 그렇고. 그 생각을 하고 수학 문제를 풀면 정신이 번쩍 나."

강율이에겐 모든 과목마다 왜 공부하는지 이유가 있었다. 두나와 강율이의 차이가 그것이었나 보다. 강율이는 늘 이유가 있고 목표가 있었다. 강율이는 정말로 어른스럽게 이런 말을 한 적도 있었다.

"목표는 말과 행동을 바꾸고, 말과 행동은 미래를 바꾸어서, 결국 한 사람의 인생이 바뀐대."

그 어려운 말을 어떻게 그렇게 잘 외우는지 모르겠지만 강율에게는 잘 어울리는 말 같았다.

다른 누가 한 말보다 강율이 해 준 말은 두나 귀에 쏙쏙 들어왔다. 여태까지 왜 공부를 해야 하는지 아무런 목표 없이 살아왔던 두나였지만 이제라도 뭔가 목표를 생각해 보기로 했다. 거창한 것이 아니라도 '청계천 변에서 본 능력 있어 보이는 언니처럼 되기 위해서라도 공부를 열심히 해 보자' 같은 거라도 말이다.

그렇게 생각하자 두나는 처음으로 시험 공부가 지겹지 않게 느껴졌다. 엄마가 만들어 준 요약 노트로 공부할 때와는 차원이 다른 재미를 느꼈다. 스스로 알아 가는 것이 이런 기분일까? 두나는 이런 맛에 평생 공부만 하는 사람도 생기는구나 깨닫게 되었다. 공부가 지루할 즈음엔 강율이와 함께 할머니께 드릴 음식을

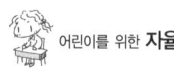

준비하기도 하고 할머니께 안마를 해 드리곤 했다.

그렇게 강율이와 함께 시험 공부를 하던 어느 날이었다.
"안 되겠다. 강율아. 이제부턴 나 혼자 공부할게! 이번엔 너로부터 독립을 해야겠어."
허리에 손을 얹고 두나가 씩씩하게 말했다.
"뭐? 독립?"
"그래. 너랑 나랑은 잘하는 과목이 달라. 그러니 공부해야 할 과목도 다르고. 넌 일찍 자고 새벽에 일어나 공부하는 편이지만 난 새벽 공부는 절대 안 돼. 너 따라 일찍 자고 새벽에 일어난 날은 하루 종일 피곤해서 비실비실이야. 그러니 이제부터 내 계획대로 나 혼자 공부해야겠어."
"알았다. 이두나. 정말 훌륭한 제자로구나. 이제 하산해도 되겠다. 하하하."
강율이가 기분 좋게 웃어 주자 두나도 정말 힘이 되었다. 강율이는 두나에게 처음엔 엄마에게 혼나게 만드는 아이였다. 그 다음엔 소년 가장 같아 놀라게 만드는 아이였다. 하지만 이제 강율이는 두나를 자율적으로 강하게 만드는 아이가 되었다.
두나는 그동안 강율이의 공부법을 보며 터득한 자신만의 공부법을 시험해 보고 싶었다. 기말고사를 잘 봐서 강율이에게 부끄럽지 않은 모습을 보이고 싶었다. 더 나아가 강율을 놀라게 해 주고 싶었다. 아마도 이것이 두나의 가장 큰 목표인지도 모르겠다.

그날부터 며칠간 밤늦도록 혼자서 공부하는 두나를 보며 모처럼 찾아온 큰이모는 눈이 휘둥그레졌다.

"지혁이도 너처럼 키워야 했는지도 모르겠다. 그 녀석은 지금 어디서 뭘 하고 있는지……."

큰이모는 깊은 한숨을 내쉬었다. 두나는 엄마 아빠가 나중에 큰이모처럼 한숨 짓고 후회하지 않게 하고 싶었다. 혼자도 잘할 수 있다는 걸 보여 주고 싶었던 두나는 다른 어떤 때보다 긴 시간 동안 의자에 앉아 시험 공부를 했다.

엄마도 강율이도 없이 진정으로 혼자 공부를 하다 보니 두나는 새로운 어려움에 부딪혔다. 강율이와 함께 공부할 때보다 시간이 훨씬 오래 걸린다는 점이었다. 왜냐하면 공부 시간보다 공부하기 싫은 마음과 싸우는 시간이 더 길었기 때문이다.

공부하기 싫은 마음과 싸워 이기는 친구들만이 좋은 성적을 얻는 것이라는 것을 알게 되니 새삼 그 친구들이 대단하게 느껴졌다. 그렇게 혼자서 공부해야 한다는 마음과 놀고 싶다는 마음이 싸우는 동안 두나는 왠지 모를 외로움 같은 것도 느꼈다.

'혼자 무엇을 한다는 것은 이래서 외롭구나. 그래서 강율이에게서 어딘가 외롭고 고독하고 그러면서도 강인한 분위기가 배어 있었던 것일까?'

새삼스러운 기분이었다. 두나 자신도 그렇게 외로움의 시간을 보내고 시험 공부를 해 나간다는 점에서 혼자 하는 것의 보람을 느꼈다.

그런 보람의 시간이 많아서였는지 두나의 시험 결과는 예상보다도 좋았다. 중간고사 때보다 성적이 많이 올랐다. 물론 엄마가 원하는 백 점이나 일 등 하곤 거리가 멀었지만, 지금까지 본 시험 중에 수학 점수도 제일 높게 나왔다.

수술을 마치고 일주일 만에 집에 돌아온 엄마와 아빠는 이모들에게 두나의 생활 모습을 듣고 깜짝 놀랐다. 그리고 두나의 시험 성적에 두 번째로 더 크게 놀랐다. 아빠는 두나를 꽉 안아 주며 말씀하셨다.

"수고했다, 두나야. 너를 보니 아픈 게 씻은 듯 낫는 것 같구나."

"아빠! 다시는 아프지 마세요. 저 땜에 너무 고생도 마시고요."

두나는 진심으로 그렇게 말씀드렸다. 아빠는 기특하다는 듯 두나의 머리를 쓰다듬어 주었다.

　5학년 1학기 성적은 버렸다고 생각하고 포기했던 엄마는 두나의 성적이 믿기지가 않았다. 엄마는 사실 남편이 수술을 하게 되니 새삼 건강이 최고라는 걸 실감했다. 공부고 뭐고 건강하기만 하면 다 좋았다. 그래서 두나가 시험을 못 봤더라도 혼내지 말아야지, 라고 결심하기도 했다. 그런데 뜻밖에 두나가 성적이 올랐다는 말에 횡재한 기분이었다.

　어쩌면 그동안 자신이 두나의 성장을 방해한 것인지도 모른다는 반성도 들었다. 더 큰 가능성을 지닌 두나를 자신같이 욕심 많은 엄마가 이끌어 퇴보시킨 것은 아닌지 후회도 됐다. 엄마는 감사와 사랑을 듬뿍 담아 두나를 끌어안고 호들갑스럽게 소리를 질렀다.

　그날부터 며칠 동안 엄마는 기분이 좋아 흥얼흥얼 콧노래를 달고 살았다. 그리고 성적 오른 걸로는 두나가 전교 일 등감인 것 같아 강율이와 강율이 할머니를 초대해 상다리가 부러지도록 음식을 차려 대접했다. 그 자리에서 엄마는 강율이 할머니께 몇 번이나 사과를 했다.

　"죄송해요, 할머니. 제가 생각이 짧았어요. 지난번에 한 얘긴 다 잊어 주세요. 어떤 위인전을 읽는 것보다 강율이를 보고 배운

게 더 많아요. 강율이 덕에 두나가 아주 많이 컸어요."

할머니는 말 대신 괜찮다고 손을 내저으며 미소를 지었다. 그날 한 얘기라는 게 무엇인지 두나는 궁금했지만 엄마는 가르쳐 주지 않았다.

그렇게 기말고사를 보람차게 마치고 기다리던 방학이 됐다. 약속대로 두나는 싫어하는 피아노 개인 지도를 끊었다. 수학 역시 학원을 끊고 수학 대장 강율이와 함께 공부하기로 했다. 대신 영어만은 혼자 공부하기 어렵다는 엄마의 설득대로 학원을 계속 다녀 보기로 했다.

엄마는 두나의 스스로 생활 덕분에 학원비가 많이 줄었다며 좋아하셨다. 두나는 일주일에 이틀만 영어 학원을 가니 시간이 펑펑 남아 날아갈 것 같았다. 그래서 남는 시간엔 강율이 따라 책을 많이 읽었다. 강율이가 같은 반 아이들보다 어른스럽고 생각이 깊은 것도 다 책을 많이 읽어서인 듯했다.

어느 날 저녁, 강율이네 거실에서 할머니 다리를 주물러드리다가 두나는 문득 말했다.

"강율아! 난 아무래도 커서 지금처럼 이렇게 누군가 돌보고 간호하고 이야기를 들어주는 사람이 될 것 같아."

"그래? 그럼 간호사?"

"간호사가 될 수도 있고, 다른 사람 얘길 잘 들어주고, 도와주는 걸 좋아하니까 카운슬러가 돼도 좋을 것 같고."

"카운슬러?"

"그래, 상담해 주는 사람 말이야."

두나는 강율이가 모르는 것도 있다는 게 신기했다.

"엄마가 사 온 책에 나오는 직업이야. 엄마가 사 온 책이 다 재미없는 건 아니었어. 이 책 보니까 파티 플래너라는 직업도 있더라."

"파티? 그래. 그런 것도 재미있겠다. 할 거 많아서 좋겠다, 이두나."

"그것뿐 아냐. 우리가 모르는 직업이 엄청 많아. 이 책에 나오지 않은 직업은 더 많겠지?"

두나는 그 수많은 직업 중 제일 멋진 직업을 택해 자유롭고 멋진 여성으로 살고 싶었다.

"그래. 앞으로 새로 나올 직업도 많을 거야."

"맞아, 근데 난 왜 여태 우리 엄마가 좋아하는 의사, 변호사 같

나는 스스로 잘 할 수 있어요

은 직업만 있는 줄 알았을까? 그런 거 말고도 아주 재미난 직업이 많다니 뭔가 희망이 생기는 것 같아."

두나는 빌딩 숲 사이에서 외국인과 얘기하던 멋지고 능력 있는 여성이 되고 싶었다. 아니, 세계적인 도시 뉴욕이나 파리에서도 외국 사람들과 유창한 대화를 나누며 멋진 인생을 사는 여성이 되고 싶었다.

"그래. 우리 각자 하고 싶은 일을 하며 재미있게 살자. 나는 일 등 하려고 공부하는 게 아니야. 언제나 부끄럽지 않은 사람이 되고 싶을 뿐이야. 늘 더 나은 나 자신이 되기 위해 노력하는 거, 그런 마음이 중요한 거 같아. 그러다 보면 멋진 인생이 만들어지지 않겠니?"

역시 강율이다운 말이었다.

"그래. 강율이 너도 나도 나아지고 있어. 앞으로도 계속 그럴 거야. 그러다 보면 우린 참 멋진 어른이 될 거야. 그치?"

"야들아, 니들만 재미있게 말고 그때 이 할미랑도 같이 놀자. 잉?"

"예. 할머니 걱정 마세요. 그때도 꼭 할머니랑 같이 놀게요. 오래오래 건강하세요."

두나와 강율은 환하게 웃으며 말했다. 목표가 생긴 두나의 눈

빛이 어쩐지 더 초롱초롱 빛나는 것 같다고 강율은 생각했다.


굿모닝!

시계 알람 소리에 뒤척이며 두나는 생각했다.

'빨리 일어나야 하는데……. 어? 방학인데 왜 이 새벽에 일어나야 하지? 맞다! 깜짝 선물!'

정신이 번쩍 난 두나는 벌떡 일어났다.

부엌에서 달그락거리며 엄마 아빠를 위한 깜짝 선물을 준비하는 두나는 정신이 없었다. 엄마 아빠가 깜짝 놀랄 아침상을 차려 드리려고 두나는 조용조용 강율에게 배운 대로 쌀을 씻어 밥을 하고 냉장고에 있는 반찬들을 꺼내고 계란 프라이도 하며 바삐 움직였다.

제일 예쁜 접시를 찾아 음식들을 담으며 두나는 행복했다. 식탁을 모두 차리고 두나는 엄마 아빠를 깨웠다. 엄마 아빠는 믿기지 않는 듯 부엌으로 나오시며 정말로 입이 벌어졌다.

"이게 뭐야? 두나가 정말로 아침을 차렸네."

"우리 두나 대단하네. 아침마다 밥 떠먹여 주던 게 엊그제 같은데."

"오늘뿐 아니라 방학이니까 제가 가끔 이렇게 밥 차릴게요. 그리고 엄마 아빠랑 두 분이 여행도 다녀오세요. 저 혼자 있을 수 있어요."

여행이란 말에 엄마 아빠 눈이 휘둥그레졌다.

"뭐 여행? 어떻게 너 혼자 두고? 말도 안 돼."

"저 혼자라 걱정되면 강율이네서 할머니랑 자면 되잖아요."

"하긴 그럴 수도 있지. 강율이네 부모님은 몇 년씩 유학도 가는데 우린 여행도 못 가나? 단둘이 여행 한 번 갔다 오지, 뭐. 당신 어디 가고 싶어?"

아빠 마음은 벌써 바닷가 어디쯤 가 있었다.

"말만 들어도 행복하다. 우리 딸 정말 일취월장이구나."

엄마는 두나를 혼자 두고 여행을 가란 말에 질겁을 하면서도 볼이 발그레해지면서 좋아했다.

"우리 딸은 지혁이처럼 나중에 방황하는 일은 없겠는걸? 자율 생활 계속 연장이다, 연장!"

아빠는 호기롭게 선언했다. 그러고도 모자랐는지 엄마와 아빠는 두나에게 달려와 머리를 쓰다듬어 주고 뽀뽀를 해 주고 난리였다.

'아휴, 이래서 뭔 말을 못한다니까. 이 단순한 부모님을 어쩌면 좋지?'

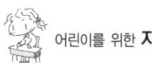

나는 스스로 잘 할 수 있어요

두나는 속으로 즐거운 투정을 했다. 늘 도움만 받던 두나가 스스로 자신의 생활을 책임지게 되니 가족 모두에게 도움을 줄 수 있었다. 두나는 엄마 아빠에게 도움을 주고 자랑스러운 딸이 되어 가는 것 같아 뿌듯했다.

두나가 가져온 집안의 변화에 가족들이 얼마나 많이 자유롭고 행복해졌는가는 생각 못 했지만 두나는 앞으로 어떤 일로 부모님을 더 행복하게 해 드릴까 상상했다. 두나의 행복한 상상 속에 세 식구의 아침 수다는 끝없이 이어졌다.

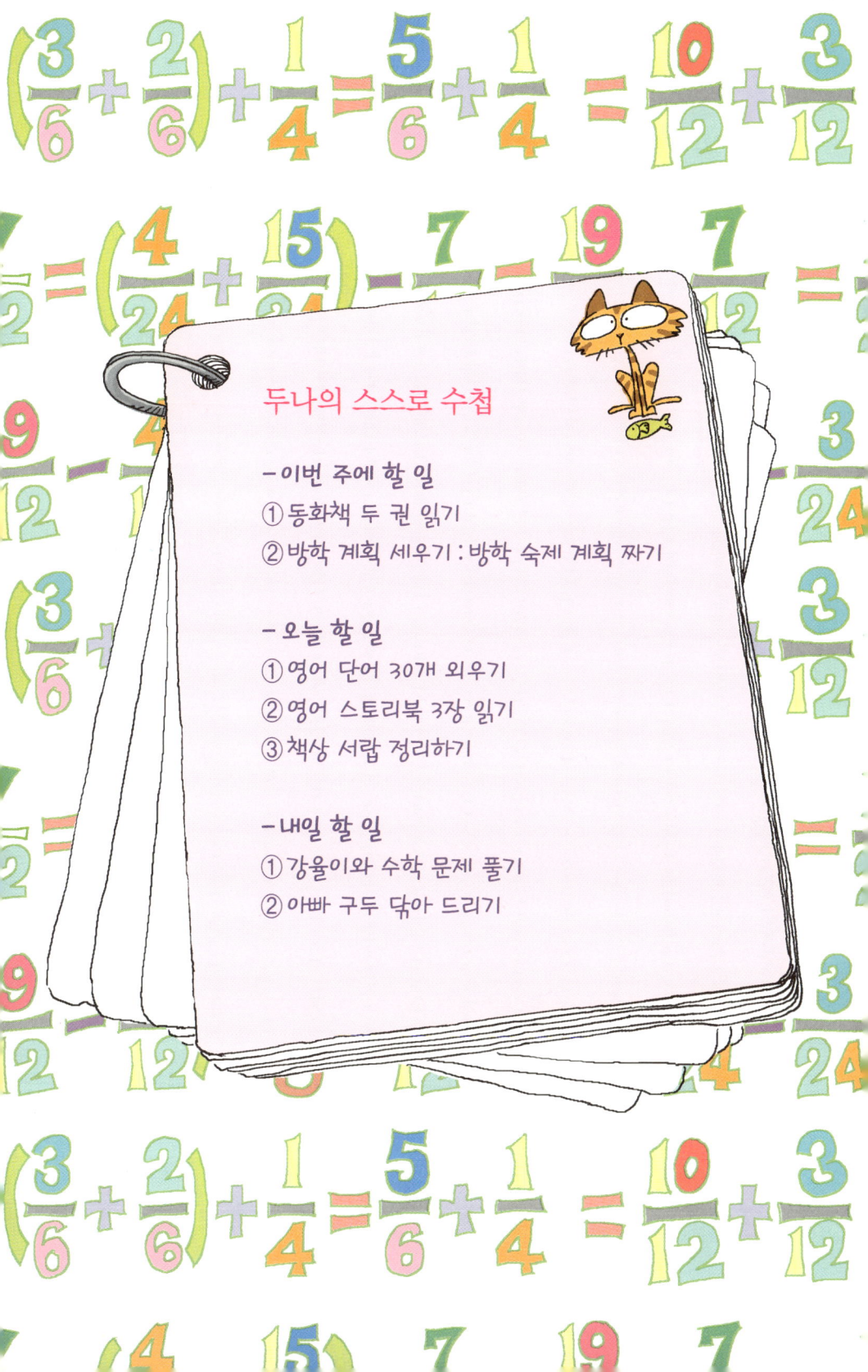

## '스스로' 내딛는 걸음은 위대합니다

《빨간머리 앤》《알프스 소녀 하이디》《소공자》《소공녀》.

초등학교 때 읽고 덮어 두었던 책을 다시 꺼내 읽으며 내내 행복했습니다.

그 사이 왜 동화를 읽지 않았던가 후회될 정도였습니다.

착해지고 맑아지고 평화로워지는 마음, 그 마음이 그리워 동화를 쓰게 된 것 같습니다.

제가 쓴 동화 《어린이를 위한 자율》은 '스스로' 살아가는 것의 소중함과 어려움에 관한 이야기입니다.

어떻게든 스스로 해결해 보려는 강율의 모습과, 조금이라도 도움을 받고 의지해 보려는 두나의 모습이 저희 아이에게 모두 있습니다.

또 거친 세상을 혼자서 헤쳐 나가도록 어릴 때부터 단련시켜 강하게 키우려는 강율

할머니의 모습과, 힘든 세상을 조금이라도 안전하게 걸어갈 수 있도록 모든 것을 준비해 놓고 아이의 절대적인 보호막이 돼 주고 싶은 두나 엄마의 모습이 모두 엄마인 제 안에 들어 있습니다.

그 두 마음 중에 어떤 마음을 키워야 할까요?

머리로는 알지만 행동으로 옮기기는 어려운 스스로의 목표, 스스로의 길. 어린이들이 스스로 생각하고 결정해 혼자 힘으로 내딛는 한걸음은 어쩌면 아폴로 우주선을 타고 달에 착륙해 내딛는 암스트롱의 첫 발자국만큼이나 소중하고 위대하다고 생각합니다.

이 책이 어린이들이 스스로 생각하고 결정하려는 마음에 작은 속삭임만큼으로라도 도움이 되길 바랍니다.

지은이 한영희

부모님께

## 우리 아이의 자율성을 키워 주는
# 일곱 가지 전략

자율성이란 다른 사람의 감독이나 구속을 받지 않고 스스로의 원칙과 판단에 따라 어떤 일을 하는 성격의 특성을 말합니다. 아동기의 자율성은 미래의 성공적인 삶을 위해 매우 중요한 자원이 된답니다. 자율적인 자녀로 키우기 위한 일곱 가지 전략은 다음과 같습니다.

**첫째, 스스로를 가치 있는 사람으로 존중하도록 해야 합니다.**
아이가 스스로 어떤 일을 수행할 충분한 능력이 있다고 믿는 것이 자율성을 키워 줍니다. 그 믿음은 부모가 만들어 주는 것이랍니다. 아이에게 "너는 할 수 있어!"라고 말해 주세요.

**둘째, 하고 있는 활동에 호기심을 갖도록 해야 합니다.**
때론 의미보다 재미가 더 강력한 동기를 만들어 냅니다. "어, 이게 뭐지?", "그거 재미있겠다!" 라는 궁금증이 재미를 느끼게 하고 일에 몰입하게 합니다.

**셋째, 무엇을 할 것인가를 스스로 선택할 수 있어야 합니다.**
주어진 일보다는 선택한 일이어야 스스로 책임을 질 수 있습니다. "다 널 위한 일이야!"라는 말은 위로가 되지 않습니다. 작은 것부터 시작해서 아이가 스스로 선택하게 하세요.

**넷째, 어디까지 할 것인가를 스스로 결정할 수 있어야 합니다.**
"언제까지 해야 하는데?", "어디까지 해야 하는데?"라는 아이의 질문을 자주 받나요? 부모님들의 요구는 자녀가 할 수 있는 양과 시간의 범위를 넘어설 때가 많습니다. 스스로 목표를 정하게 하세요. 아이가 더 큰 성취감을 맛보게 됩니다.

**다섯째, 활동이 완수된 후의 결과를 예측해 보도록 합니다.**
일이라는 건 힘이 들기 마련입니다. 지금 일보다 더 쉽고 재미있을 것 같은 다른 일들이 유혹을 하기도 하고요. 그럴 때, 아이에게 지금 하고 있는 일이 완수된 후의 긍정적인 결과들을 생각해 보도록 하세요. 마음을 다잡을 수 있을 것입니다.

**여섯째, 성공적으로 일을 완수하기 위해 필요한 전략을 세워 보도록 합니다.**
"이렇게 하면 되잖아!"라는 조언을 하기보다 "어떻게 하면 될까?" 질문을 할 때, 아이는 과제를 잘해내기 위한 조건에 비추어 자신이 잘하는 면, 반대로 못하는 면을 객관적으로 바라보게 됩니다. 즉, 적을 알고 나를 아는 훌륭한 전략을 가지게 되지요.

**일곱째, 아이의 작은 성공에도 크게 기뻐해 주어야 합니다.**
자칫 부모는 자녀의 작은 성공을 당연하게 여기고 그냥 지나칠 수 있습니다. 하지만 작은 성공이 자율성의 작은 씨앗을 마음에 심어 점점 크게 자랄 수 있게 한답니다. 아이의 작은 성공에도 꼭 칭찬을 해 주는 것을 잊지 마세요!

김민화 (아동심리학자, 한북대 영유아보육학과 교수)

어린이 자기계발동화 05

## 어린이를 위한 자율

**초판 1쇄 발행** 2007년 12월 20일 **초판 32쇄 발행** 2023년 6월 7일

**글** 한영희 **그림** 추덕영
**펴낸이** 이승현

**출판3 본부장** 최순영
**교양 학습 팀장** 김솔미 **편집** 구성희
**디자인** 전성연

**펴낸곳** ㈜위즈덤하우스 **출판등록** 2000년 5월 23일 제13-1071호
**제조국** 대한민국 **주소** 서울특별시 마포구 양화로 19 합정오피스빌딩 17층
**전화** 02) 2179-5600
**홈페이지** www.wisdomhouse.co.kr **전자우편** kids@wisdomhouse.co.kr

ⓒ한영희·추덕영, 2007
ISBN 978-89-6086-071-1 74800
ISBN 978-89-6086-081-0 (세트)

* 이 책의 전부 또는 일부 내용을 재사용하려면 반드시 사전에 저작권자와
  ㈜위즈덤하우스의 동의를 받아야 합니다.
* 인쇄·제작 및 유통상의 파본 도서는 구입하신 서점에서 바꿔드립니다.
* 책값은 뒤표지에 있습니다.
* 이 책의 사용 연령은 8~13세입니다.